Marc Halupczok | Metallica. 100 Seiten

* Reclam 100 Seiten *

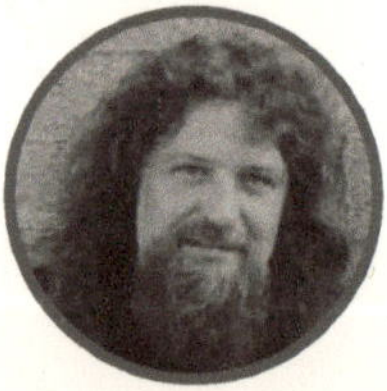

MARC HALUPCZOK, geb. 1975, ist Journalist, Autor und Übersetzer. Er schreibt unter anderem für das Fachmagazin *Metal Hammer*.

Marc Halupczok

Metallica. 100 Seiten

RECLAM

2023 Philipp Reclam jun. Verlag GmbH,
Siemensstraße 32, 71254 Ditzingen
Umschlaggestaltung: Philipp Reclam jun. Verlag GmbH
nach einem Konzept von zero-media.net
Bildnachweis: S. 65: © Shutterstock / Ben Houdijk;
S. 99: CC BY-SA 4.0 Wikimedia Commons / Kreepin Deth;
Autorenfoto: © Sarah Quast
Umschlagmaterial: Creative Print, Schabert
Druck und Bindung: EsserDruck Solutions GmbH,
Untere Sonnenstraße 5, 84030 Ergolding
Printed in Germany 2023
RECLAM ist eine eingetragene Marke
der Philipp Reclam jun. GmbH & Co. KG, Stuttgart
ISBN 978-3-15-020678-2

Auch als E-Book erhältlich

www.reclam.de

Für mehr Informationen zur 100-Seiten-Reihe:
www.reclam.de/100Seiten

Die Playlist zum Buch finden Sie unter
https://www.reclam.de/metallica
bzw. unter

Inhalt

No Life 'Til Leather

Es ist ungefähr Ende 1986, irgendwann zwischen *Master of Puppets* und ... *And Justice for All.* Der Verfasser dieses Buches hat erste Erfahrungen mit härterer Musik gemacht und kann inzwischen die Scorpions von Uriah Heep unterscheiden. Aber der Geschmack ist immer noch ein wenig indifferent. Neben »Lady in Black« steht eine Kassette mit den größten Hits von 1986 und irgendein Werk von Karl Dall. »Heute schütte ich mich zu« dröhnt zu dieser Zeit zur Freude meiner Mutter nicht selten durchs Kinderzimmer, ohne dass ich eine genauere Vorstellung davon habe, was der lustige Onkel mit dem Matschauge auf dem Cover eigentlich meint. Doch ist Rettung in Sicht, denn in der Nachbarschaft treiben sich ein paar ältere Jungs herum, die mit ihren Tarnhosen und den Totenkopf-Shirts mächtig Eindruck schinden. Häufig haben sie einen Kassettenrekorder mit dabei, aus dem undefinierbarer Krach tönt: Das alles ist irgendwie seltsam und verlangt dringend nach Aufklärung.

Wenige Wochen später halte ich meine erste Platte von Metallica in der Hand. Es ist die 12-Inch-Single von »Jump in the Fire« als rotes Vinyl, die im Januar 1984 offiziell erschien. Das Schätzchen wird mir gemeinsam mit einigen anderen Alben und Tapes von einem der ›Großen‹ aus der Nachbarschaft überreicht mit dem Hinweis, dass, wenn in zwei Wochen nicht wieder alles im Topzustand bei ihm, dem Verleiher, ankommt, die Hölle losbricht. Dementsprechend nervös sind wir, als wir die Single auf den Plattenteller eines Freundes legen … und erst mal enttäuscht sind. Wir hatten uns vorher durch Bands wie Whitesnake, Iron Maiden und Gary Moore gehört und waren begeistert. Aber das hier? Das war doch der pure Krach. Metallica, was für eine Zeitverschwendung.

Aber irgendwie besaß dieser Krach – das Titelstück und Live-Versionen von »Phantom Lord« und »Seek & Destroy« –, doch eine gewisse Anziehungskraft. Und nach dem x-ten Durchlauf legte sich der Schalter endlich um. Und wie. Innerhalb von Sekunden offenbart sich plötzlich die Genialität, die Wut, die Attitüde hinter dieser Musik. Und mir wird schlagartig klar, dass ich genau auf so etwas mein (bis dato kurzes) Leben gewartet hatte. Trotz kaum vorhandener Englischkenntnisse sprach einem hier jemand komplett aus der Seele. Alle anderen Menschen sind doof, der Teufel ein Supertyp, und wer Ärger will, der soll nur kommen. Dieser Moment im Sommer 1987 begründet eine lebenslange Liebe zu Metallica und zum Heavy Metal. Dank gebührt den benachbarten Verleihern Holger und Lutz, denen ich bis heute regelmäßig bei Konzerten über den Weg laufe. Und genau das ist Heavy Metal.

Doch was macht Metallica zu solch einer Ausnahmeerscheinung? Nur wenige Bands waren und sind so erfolgreich wie die Jungs aus Kalifornien (mit bis dato über 110 Millionen verkauften Alben und neun Grammys), schon gar nicht im härteren Sektor. Kaum eine Band wurde in den 1980er Jahren so von ihren Fans vergöttert wie dieses Quartett. Doch wurde auch kaum eine Band von den eigenen Anhängern und der Presse so hart kritisiert wie Metallica. Von kaum einer Band ist so viel aus ihrem Innenleben nach draußen gedrungen. Die zwischenzeitliche Hassliebe der beiden Chefs, Sänger und Gitarrist James Hetfield und Schlagzeuger Lars Ulrich, der traumatische Rausschmiss des ›Genies‹ Dave Mustaine, öffentlich gemachte Therapiesitzungen weit über die Fremdschämgrenze hinaus, Cliff Burtons tragischer Tod, wie sein Nachfolger Jason Newsted gemobbt wurde, die Abkehr von alten Werten, der Versuch, neues Vertrauen aufzubauen. Und immer wieder Fettnäpfchen, in die vor allem Ulrich, Sohn eines dänischen Profitennisspielers, bis heute mit Anlauf und wachsender Begeisterung hineinspringt.

Metallica, das wussten und wissen die Mitglieder der Band am besten, haben das hart rockende Rad nicht neu erfunden. Lars und James wurden massiv von der New Wave of British Heavy Metal (NWoBHM) beeinflusst, die Mitte der 1970er bis Anfang der 1980er erst über Großbritannien und dann über die komplette Welt hereinbricht. Punk erlebt zu dieser Zeit seinen Höhepunkt und Niedergang, Rockgiganten wie Deep Purple haben ihre Gefährlichkeit längst gegen übergroße Egos getauscht, und New Wave zieht ein völlig anderes Publikum an. Szenegrößen wie Iron Maiden, Saxon oder Venom sind hart, laut und repräsentieren das, was später als Synonym für den Heavy Metal allgemein gesehen wird: lange Haare, kreischende Gitarren, Arbeiterklasse-Ethos und wenig Respekt vor Autoritäten. Die Musiker wirken fast wie übermenschliche Superhelden, bewegen sich in der Grauzone von Realität und Fantasiewelt. Nur dass sie statt eines Schwerts oder eines Hammers Gitarren in Händen halten.

Im fernen Kalifornien lauschen die beiden späteren Legenden Lars Ulrich und James Hetfield aufmerksam den importierten Platten, gerne auch der zweiten Reihe der NWoBHM wie Raven, Tank, Diamond Head oder Holocaust. Gleichzeitig loten die seit 1975 aktiven Motörhead und die bereits erwähnten Venom die Grenzen des Hörbaren aus. Lange vor Death und Black Metal geben sie ihrer Musik eine Extraportion Schmutz, Straßenweisheit und Okkultismus (nur Venom) mit auf den Weg. Von dieser Mischung angezogen und mit tatkräftiger Mithilfe ihrer Kollegen von Exodus, heben Metallica als eine von mehreren Bands, die alle nahezu zeitgleich auf der Bildfläche erscheinen, den Thrash Metal aus der Taufe: energiereicher, schneller und lauter als alles zuvor, mit komplexen Gitarrenstimmen und doppelter Bass-Drum: Das englische Verb *to thrash someone* bedeutet so viel, wie jemanden zu verprügeln oder zu verdreschen, aber auch, etwas auszudiskutieren oder auszuarbeiten, doch können wir an dieser Stelle diese Nebenbedeutung wohl vernachlässigen. Um das Jahr 1984 wird sich Thrash Metal so oder so als Genrebezeichnung durchsetzen.

Und nicht umsonst hat sich Hetfield wahrscheinlich selbst schon sehr früh den Spitznamen »Papa Het« gegeben, der darauf hindeutet, dass sich hier der Vater, mittlerweile fast schon der Großvater des Thrash Metal zu Wort meldet. Leider haben der Frontmann oder sein direktes Umfeld nie erklärt, wo genau der Ausdruck »Papa Het« eigentlich herkommt, er selbst scheint jedenfalls mit der Bezeichnung sehr zufrieden zu sein. Sein (seit einiger Zeit abgeschalteter) Instagram-Kanal lief unter diesem Namen, und Fans können sich sogar Merchandising mit diesem Logo kaufen. Auf der Homepage der bandeigenen »All Within My Hands Foundation« gab es vor kurzem noch in der »Covid Collection« kleine, hölzerne Tischchen, die auf der Unterseite das »Papa Het«-Logo eingebrannt hatten. Hier kennt jemand seine Bedeutung ganz genau. Wahrscheinlich bedeutet es am Ende so viel wie »Mutter der Kompanie«.

Die Fans hätten ›ihre Metallica‹ gerne als Gralshüter des Genres gesehen, das sie mit erfunden und geprägt haben. Doch widersetzten sich Metallica früh allen Erwartungen (besonders gerne auch ihren eigenen) und überraschen Fans und Gegner, zu Beginn ihrer Karriere auf sehr hohem Niveau, später dann mit durchaus fragwürdigen Aktionen. Die große Klappe der Bandchefs, die immer noch vorhandene ›Wir gegen alle‹-Attitüde und eine ausgeprägte Dickköpfigkeit bringen Metallica immer wieder in Schwierigkeiten. Unbedachte Interview-Aussagen kommen als Bumerang zurück, besonders Lars Ulrich tut sich dabei hervor und produziert bisweilen peinliche Schlagzeilen. In der heimischen Bay Area bekommt er von Mitgliedern anderer Bands den wenig schmeichelhaften Spitznamen »Diarrhea Mouth« (ungefähr: ›Durchfallmaul‹) verpasst.

Dabei wachsen die ehemaligen Teenager zwischen Welttourneen, tragischen Todesfällen und alltäglichen Problemen durchaus zu Persönlichkeiten heran. Besonders Hetfield wirkt bis Mitte der Neunziger ›larger than life‹, dann zerstören mitgefilmte Therapiestunden, Tränenausbrüche und Entziehungskuren auch dieses Bild. Seine oft kryptisch anmutenden Trauma-Texte hatten allerdings schon früh in diese Richtung gedeutet.

Selbst die bekanntesten Heavy-Metal-Musiker der Welt sind auch nur Menschen, was Metallica regelmäßig unter Beweis stellt. Der Versuch, sich von dem ewig gleichen Image zu lösen, geht aber ebenso daneben wie Ansätze, die Protagonisten in einem anderen Umfeld zu zeigen. James als Jäger (mit Wodkapulle im Anschlag) mag gerade noch angehen, Lars als

Kunstsammler (dem bei der Vernissage gleich mal das Sektglas aus der Hand fällt) wirkt dagegen ziemlich deplatziert. Doch können die in Ehre ergrauten Herren inzwischen sowieso machen, was sie wollen: Letztlich werden sie immer Metallica sein, sehr wahrscheinlich bis ans Ende ihrer Tage. Das ist ein Preis, den Metal-Helden für die lebenslange Treue ihrer Fans zahlen müssen (manche tun es mit Leichtigkeit, andere gehen daran zugrunde).

Ohne all diese Facetten ist das Gesamtphänomen Metallica nicht zu begreifen. Und vielleicht ist es niemals vollständig zu begreifen, warum diese Band kommerziell meilenweit über allen anderen Konkurrenten steht. Doch sind sie dort, wo sie sind: auf dem Metal-Olymp. Und von dort wird sie in den nächsten Jahrzehnten wohl auch niemand vertreiben.

Metal Militia: Die Anfänge

Das Jahr 1981 ist weltgeschichtlich gesehen ein ziemlich lahmer Kandidat. Der Schauspieler Ronald Reagan wird US-Präsident, der NATO-Doppelbeschluss sieht das Aufstellen von Raketen mit Atomsprengköpfen in Westeuropa vor, die Friedensbewegung erhält massiven Zulauf, und Bayern München wird deutscher Fußballmeister. Viel mehr ist nicht los. Der Verfasser dieser Zeilen ist stolze fünf Jahre alt und darf sich von seiner kompletten Verwandtschaft ununterbrochen anhören, dass für ihn bald der »Ernst des Lebens« (sprich: die Schulzeit) anbrechen werde. Wenige Jahre später soll die deutsche Band Helloween auf ihr Demo »Death Metal« mit »Oernst of Life« die musikalisch korrekte Antwort auf diese Nerverei geben.

In Südkalifornien steht ein junger Mann nicht am Anfang, sondern am Ende seiner Schulzeit an der Brea Olinda High School. James Alan Hetfield, Jahrgang 1963, hat kaum zwei Jahre zuvor seine Mutter verloren und lebt beaufsichtigt von einem seiner älteren Brüder in Brea. Der begeisterte Metal-Fan spielt schon seit Jahren Gitarre und hat nun endlich seine erste Band am Start. Na ja, fast. Leather Charm bestehen neben ihm aus Gitarrist Hugh Tanner (kurz darauf ersetzt durch Troy James), seinem Kumpel aus Kindheitstagen und Zimmergenossen Ron McGovney am Bass und Schlagzeuger Jim Mulligan, der etwas später einsteigen sollte. Hetfield hatte zuvor bereits bei Phantom Lord in die Saiten gelangt. Bei Leather Charm muss er mangels Alternativen auch ans Mikrofon. Er sieht sich dort aber nur als Übergangslösung – die Geschichte wird sich wiederholen.

Die Schüler spielen in erster Linie Songs der gerade tobenden New Wave of British Heavy Metal nach, doch stehen auch Stücke von Judas Priest auf dem Programm. Ähnlich geht es auch Slayer, die ziemlich genau eine Autostunde entfernt in einer Garage stehen und ebenfalls Hits von Judas Priest nachspielen. Leather Charm versuchen sich jedoch auch an eigenen Kompositionen, so entsteht eine frühe Version von »Hit the Lights«, das später sowohl das Demo *No Life 'Til Leather* als auch das Metallica-Debüt *Kill 'Em All* eröffnen wird. Megadeth existieren logischerweise noch nicht, doch Anthrax finden sich an der Ostküste im Sommer 1981 zusammen und covern neben Kiss und Iron Maiden – natürlich – ebenfalls Judas Priest: Drei der späteren ›Big Four‹ des Thrash Metal starten innerhalb weniger Wochen auf nahezu identische Weise, ohne sich zu kennen.

Natürlich sind diese Gebilde noch extrem fragil, nur ein paar Schüler, die ihre Nachmittage mit Musik verbringen, mehr nicht. Ständig steigt jemand aus, wieder ein und wieder aus. Da geht es Leather Charm nicht anders als den anderen. Dennoch wird die Band gerne als Keimzelle von Metallica bezeichnet. Grund dafür ist unter anderem, dass ein gewisser Lars Ulrich im April eine Anzeige in dem Magazin *The Recycler* schaltet. Der originale Wortlaut ist mittlerweile legendär: »Drummer looking for other metal musicians to jam with Tygers of Pan Tang, Diamond Head and Iron Maiden«.

Hetfield ist interessiert, denn schließlich werden hier drei seiner absoluten Lieblingsbands aufgezählt. Also erhält Ulrich eine Einladung in den Proberaum, wo vor allem Hetfield und Tanner den Trommler genauer unter die Lupe nehmen wollen. Nach einigen Songs ist Hetfield klar, dass aus der Nummer nichts werden wird. Ulrich spielt einfach zu schlecht.

Der Däne Lars Ulrich ist zu diesem Zeitpunkt erst seit einem Jahr in den USA. Er hat beschlossen, in die Fußstapfen seines Vaters zu treten und professioneller Tennisspieler zu werden. Doch obwohl Lars eigentlich zur Jugendelite seines Landes gehört, schafft er die Aufnahme in die siebenköpfige Tennisgruppe seiner Highschool nicht. Enttäuscht schmeißt er den Schläger in die Ecke und beschließt, sich auf die Musik zu konzentrieren. Er spielt seit Kindertagen Schlagzeug, findet aber dank seiner speziellen Art und seines ulkigen Akzents in der neuen Heimat schwer Anschluss und übt notgedrungen alleine zu Hause.

Nebenbei treibt er sich in den Plattenläden von Los Angeles herum und ist süchtig nach Import-Alben aus Europa. Besonders die britischen Bands haben es ihm angetan, er entwickelt sich (wie sein Vater im Genre Jazz) zu einem echten Experten auf dem Gebiet der New Wave of British Heavy Metal. Was ihm aber scheinbar nichts nützt, Leather Charm wollen auf seine Dienste verzichten.

Doch Ulrich wäre nicht Ulrich, wenn er so etwas einfach akzeptieren würde. Bei OZ Records, einem Fachgeschäft für Rockalben, lernt er den Verkäufer Brian Slagel kennen, der mindestens so verrückt ist wie Lars selbst. Die beiden diskutieren stundenlang über Bands wie Jaguar, Def Leppard oder Holocaust, die in den USA zu diesem Zeitpunkt wahrscheinlich nur eine Handvoll Menschen kennen. Wenn überhaupt.

Slagel erzählt Ulrich, dass er für das nächste Jahr die Veröffentlichung eines Samplers mit lokalen Metal-Bands plant. *Metal Massacre* bildet den Startschuss für das legendäre Label Metal Blade, das bis heute zu den wichtigsten Firmen im Business zählt und unter anderem die Frühwerke von Metallica, Slayer, Armored Saint oder Flotsam and Jetsam, später dann Amon Amarth oder The Black Daliah Murder veröffentlicht.

Ulrich stammt aus der oberen Mittelschicht, Geld ist also nicht sein Hauptproblem. Er sichert sich vor diesem Hintergrund einen Platz auf dem Sampler, obwohl er nicht mal eine Band hat. Und mit diesem As im Ärmel kehrt er zu Leather Charm zurück. Hetfield ist begeistert, er löst seine Combo auf und tut sich mit Ulrich zusammen – eine Entscheidung, die sein und unser aller Leben verändern wird.

Hetfield und Ulrich stehen nun vor dem Problem, dass sie einen Bassisten und einen weiteren Gitarristen brauchen. Außerdem möchte Hetfield unter gar keinen Umständen wieder den Sänger geben. Die Zeit drängt, Slagel fragt nach dem Song. Und verdammt: Die neue Truppe hat ja auch noch gar keinen Namen. Darüber brüten die beiden jungen Männer eine ganze Zeit, bis Lars mit seinem Kumpel Ron Quintana zusammensitzt. Der möchte, wie Slagel auch, ein eigenes Metal-Fanzine gründen und spielt mit ein paar Namen herum. Am Ende bleiben zwei übrig, und Ulrich bekommt lange Ohren. Eine der beiden Optionen ist »Metal Mania«, die Lars seinem Freund wärmstens ans Herz legt. Denn die andere lautet »Metallica«, und Ulrich ist in diesem Moment klar, dass seine Band so heißen wird. Der Legende nach ist Quintana dann für viele Jahre lang nicht gut auf Lars zu sprechen, weil der ihn nicht mal gefragt hat, ob er seine Idee nutzen dürfe. Als Männer im Herbst ihres Lebens haben sich die beiden dann aber wieder vertragen.

Metallica werden Ende 1981 geboren (manche Erbsenzähler wollen den 28. Oktober als genaues Datum ausgemacht haben). Anfang 1982 wird die Position am Bass mit einem alten Bekannten besetzt: Hetfields Kumpel Ron McGovney ist zwar kein besonders talentierter Musiker, aber er besitzt andere Werte, unter anderem einen Wagen, in den das Equipment der Band passt, eine Garage, die als Proberaum dient, und eine Engelsgeduld. Später wird Hetfield sich dafür schämen und öffentlich entschuldigen, dass er seinen Jugendfreund schamlos ausgenutzt und herumkommandiert hat. McGovney ist bei Metallica in den Anfangstagen das Mädchen für alles, er baut die Instrumente auf und wieder ab, fährt die Jungs überallhin und steht nebenbei noch auf der Bühne. Ron selbst scheint die Sache eher gelassen zu nehmen, er äußert sich in diversen Interviews immer mal wieder entspannt und gibt zu, weder die Fähigkeiten noch die Motivation dafür gehabt zu haben, ein professioneller Musiker zu werden. Inzwischen verkauft er seit Jahren via Internet Verstärker, Bässe, Kabel, Plektren, Saiten und diverse andere Dinge, die alle in den Anfangstagen der Legende benutzt worden sein sollen. Der Mann muss damals eine Unmenge an Equipment besessen haben. Früh im Jahr 1982 nimmt die Rumpftruppe »Hit the Lights« erneut auf, um die Version für den Sampler zu verwenden. Hetfield singt, spielt die Gitarren und den Bass mit Ulrich am Schlagzeug. Das Gitarrensolo stammt von einem befreundeten Musiker namens Lloyd Grant, der aber nie offiziell Bandmitglied ist.

Der noch fehlende Lead-Gitarrist wird kurz darauf in David Scott Mustaine gefunden, wieder durch eine Anzeige im *Recycler*, aufgegeben von Lars Ulrich. Mustaine erinnert sich später an das ›Vorspielen‹. Er sei in den Proberaum gekommen und wollte gerade loslegen, als Hetfield ihm nur bedeutete, er sei in der Band. Angeblich hatte James das teure Equipment von Mustaine gesehen und war sofort überzeugt, den richtigen Mann gefunden zu haben. Der spätere »Mega-Dave« will Profimusiker werden und ist mindestens so ehrgeizig wie Hetfield und Ulrich, ein drittes Alpha-Männchen. Dazu ist er allerdings noch wesentlich krasser drauf als seine Kollegen. Hetfields Alkoholkonsum soll zu damaliger Zeit schon bedenklich sein, aber Mustaine toppt alles und jeden.

Dave Mustaine hat französisches, irisches und vor allem deutsches Blut in seinen Adern und wächst in schwierigen Verhältnissen auf. Sein Vater, Filialleiter einer Bank, verliert seinen Job und verfällt dem Alkohol. Seine Eltern lassen sich scheiden, als er vier Jahre alt ist. Dave, der drei ältere Schwestern hat, wird zum Problemkind, das von seiner Mutter nicht mehr unter Kontrolle gehalten werden kann. Schon in frühester Jugend gehören der entschiedene Konsum von Alkohol und Drogen dazu. In Kombination mit seiner rechthaberischen Art (um es sehr vorsichtig auszudrücken) eine gefährliche Mischung. Immer wieder gerät Mustaine mit einem der drei anderen aneinander, es soll auch zu körperlichen Auseinandersetzungen gekommen sein. Aber der Gitarrist ist ein musikalisches Genie, technisch meilenweit von den anderen entfernt. Und das weiß er nur zu gut.

Also machen sich Metallica in der Besetzung Hetfield (der ›vorläufig‹ doch wieder das Mikrofon übernimmt), Mustaine, McGovney und Ulrich Anfang 1982 auf, Geschichte zu schreiben. Oder zumindest die ersten Konzerte zu spielen. Die Premiere findet am 14. März im Radio City in Anaheim, Kalifornien, statt und läuft laut Augenzeugen alles andere als glatt. Besonders Mustaine hat Probleme mit der Technik, mal funktioniert ein Effektpedal nicht, dann reißt ihm eine Saite.

Der Flyer zum Konzert, in schickem Gelb gehalten, zeigt ein Foto der Band in Aktion, unter dem bekannten Logo von Metallica (das von Hetfield selbst stammt) ist in Klammern noch die Formulierung »Metalus Maxus« zu lesen. Nicht, dass jemand auf den Gedanken kommt, hier würde Popmusik gespielt. Unter dem Foto steht »The Young Metal Attack«, darunter das Datum und der Club. Es ist ein zweiter Termin vermerkt: Am 26. März will die Band in Woodstock auftreten. Offensichtlich ein Scherz.

Die Archive vermerken als zweiten Gig einen Auftritt im Whiskey a Go Go in West Hollywood. Der findet am 27. April statt, im Vorprogramm von Saxon. Metallica klettern gleich zweimal mit verschiedenen Sets auf die Bühne. Was gar nicht so einfach ist, denn schließlich haben die Jungs noch nicht viel Material in der Hinterhand. So überschneiden sich beide Sets, und ergänzend gibt es diverse Coverversionen von Stücken aus der Feder von Savage, Blitzkrieg und Diamond Head zu hören. »Metal Militia« feiert bei der ersten Show Weltpremiere, ansonsten sind nur »Hit the Lights« und »Jump in the Fire« als Eigenkompositionen zu verzeichnen. Trotzdem dreht die Meute bei allen drei Auftritten ordentlich durch, was Hetfield und Co. weiteren Aufwind gibt.

Kleine Anmerkung am Rande: Während das Whiskey a Go Go auch heute noch existiert, wurde das Radio City von den lokalen Behörden im Jahr 1986 geschlossen. Angeblich habe der Club einen schlechten Einfluss auf die Jugend der Stadt. Heute befindet sich wenige Meter von der ehemaligen Location entfernt ein Schnapsladen.

Ungewöhnliche Coverversionen

Metallica sind seit ihren Anfangstagen bekannt dafür, Songs ihrer Vorbilder live und im Studio zu covern. Neben offensichtlichen Kandidaten wie Motörhead, Saxon, Iron Maiden oder Deep Purple gibt es aber auch immer mal wieder Überraschungen. Hier die fünf ungewöhnlichsten Songs, deren Metallica sich angenommen haben.

»Turn the Page«

Originalinterpret: Bob Seger im Jahr 1973
Eines der bekanntesten und das kommerziell erfolgreichste Cover von Metallica. Unter anderem zu finden auf dem Album *Garage Inc.* In Deutschland landete die Single auf Platz 23. Der dazugehörige Clip durfte bei MTV nur in einer zensierten Version laufen (geschildert wird der Alltag einer alleinerziehenden Prostituierten).

»Loverman«

Originalinterpret: Nick Cave & the Bad Seeds im Jahr 1994
Diese Wahl ist nicht offensichtlich, denn erstens spielt Nick Cave eher Post Punk als Rock, außerdem ist das Stück zum Zeitpunkt des Covers gerade mal vier Jahre alt. Ebenfalls auf *Garage Inc.* zu finden.

»You Really Got Me«

Originalinterpret: The Kinks im Jahr 1964
Diesen Beat-Klassiker aus den Tagen der Tanzcafes dürften nur die wenigsten mit Metallica in Verbindung bringen. Die

zweite Single der britischen Band feierte riesige Erfolge im Heimatland, in Deutschland reichte es immerhin zu Platz 39 der Charts. Veröffentlicht auf dem nur Fanclubmitgliedern zugänglichen Album *See My Friends* (2010).

»Let It Loose«

Originalinterpret: Savage im Jahr 1983
Dieses Cover ist so besonders, weil die erste Version bereits in der Garage von Bassist Ron McGovney aufgenommen wurde und der Band einen Gig im Vorprogramm von Saxon verschaffte. Interessanterweise verbreiteten Metallica dieses für sie legendäre Stück auf diversen Singles, es schaffte es aber nie auf ein Album.

»Don't You Think This Outlaw Bits Done Got Out Of Hand«

Originalinterpret: Waylon Jennings im Jahr 1978
Der in Europa nicht übermäßig bekannte Countrysänger Jennings starb 2002, James Hetfield, der ihn persönlich kannte, spielte diese Version im Alleingang ein. Die Aufnahmen fanden im Metallica-Hauptquartier statt und wurden später auf verschiedenen Singles veröffentlicht.

Der vierte Auftritt findet am 23. April in der Concert Factory in Costa Mesa statt. Dieser Club, der nur von 1982 bis 1985 existiert, erlebt die Weltpremiere der neuen Nummer »Mechanix«, die in erster Linie von Mustaine geschrieben wurde. Später wird es eine Version von Megadeth geben, Metallica benennen ihrerseits den Song in »The Four Horsemen« um und arrangieren ihn etwas anders.

Im Sommer 1982 erscheint der lang erwartete Sampler *Metal Massacre*. Doch die Freude bei den vier Musikern hält sich in Grenzen. Der Grafiker, der das Layout für die Kassette hergestellt hat, war offensichtlich deutschstämmig und hungrig, denn auf der Rückseite ist »Mettallica« zu lesen: die erste offizielle Veröffentlichung, und dann so eine Panne.

Doch Metallica müssen sich noch mit ganz anderen Dingen herumschlagen, das Line-up ist noch nicht perfekt. McGovneys mangelnder Ehrgeiz geht dem Rest zunehmend auf den Geist, und er entwickelt sich zum Prügelknaben der Band. Neben Hetfield hat besonders Mustaine ein Ventil für seine schlechte Laune gefunden. Mal lässt er seinen Hund den Lack von Rons Auto zerkratzen, dann kippt er Bier über dessen Bass. McGovney steigt mehrfach aus, kehrt aber wieder zurück, bis die Risse endgültig nicht mehr zu kitten sind.

Just in dieser Zeit besuchen Ulrich und Hetfield das Whiskey a Go Go, wo die Band Trauma einen Gig spielt. Deren Bassist Clifford Lee Burton verschlägt dem Duo ob seiner Technik und Ausstrahlung die Sprache – und wird für die nächsten Jahre der musikalische Kopf der Band, denn er ist vor allem in Musiktheorie besser ausgebildet als der Rest der Band zusammengenommen, zudem glättet seine ruhige und ausgeglichene Art so manchen Streit zwischen den anderen Hitzköpfen. Selbst Hetfield akzeptiert den nur ein Jahr älteren Cliff als eine Art großen Bruder und bewundert ihn über alle Maßen.

Man zieht wie ausgemacht zu Burton: In El Cerrito angekommen, mieten Ulrich, Mustaine und Hetfield ein Haus, das innerhalb weniger Wochen zu einer verrufenen Partybude wird. Und Party meint hier nicht ein paar Bier und ein bisschen laute Musik. Es dauert nicht lange, bis man Gleichgesinnten in die Arme läuft. Exodus kommen aus der Nähe, ihr Sänger Paul

Baloff ist sogar in El Cerrito geboren. Die bereits 1979 gegründete Band spielt anfangs ebenfalls NWoBHM-Klassiker nach, entwickelt aber auch eigene Songs, die die Schnelligkeit und Aggressivität des Punk mit Metal-Einflüssen mixt. Metallica und Exodus, die illegalen Mittelchen jeglicher Art nicht abgeneigt sind, verstehen sich auf Anhieb und feiern Partys, die Augenzeugen zufolge Tage dauern. Leise rieselt der Schnee, Bier und Schnaps fließen hektoliterweise. Mustaine fühlt sich wie im Himmel und driftet immer weiter ab, während um ihn herum das Chaos tobt. Bilder dieser frühen Feiern lassen ungefähr erahnen, wie es zugegangen sein muss. Natürlich sind sowohl Metallica als auch Exodus ständig abgebrannt, beide haben noch keinen Plattenvertrag in der Tasche. Das Anbandeln mit Mädels dient neben sexuellen Aktivitäten vor allem dazu, eine Dusche und vielleicht ein warmes Essen zu ergattern.

Anders als Metallica, die bei allen Exzessen (in der Szene werden sie Alcoholica genannt) den Fokus auch immer noch auf die Musik legen, fehlt Exodus das Maß an Disziplin. Sie haben ebenfalls ein Demo-Tape aufgenommen, kümmern sich aber nicht groß um geschäftliche Belange oder Auftrittsmöglichkeiten, sondern nehmen drei weitere Tapes auf, ohne dabei von der Stelle zu kommen. Obwohl mehr als zwei Jahre länger im Geschäft, erscheint ihr Debüt zwei Jahre nach Metallicas erstem Album, allerdings sind viele Riffs von Exodus älter als das Material von Metallica.

Aufgrund des engen Verhältnisses beider Bands streiten die Gelehrten, wer denn nun den typischen Thrash-Metal-Sound erfunden hat. Waren es Metallica oder Exodus oder beide? Oder gebührt die Ehre eher Slayer oder vielleicht auch Anthrax an der fernen Ostküste? Sind die Kanadier Exciter mit ihrem Album *Heavy Metal Maniac* (1981) oder die Briten von Tank dafür verantwortlich, deren Album *Filth Hounds of Hades* (1982) mit dem Begriff ›Thrash Metal‹ beworben wird? Am Ende sind möglicherweise sogar die Deutschen Schuld, da sich in Gelsenkirchen 1981 Sodom gegründet hatten, die allerdings eher Venom mit Motörhead vermischen?

Sei es, wie es sei: Offensichtlich haben mehrere junge Musiker auf diesem Planeten relativ zeitgleich ähnliche Ideen. Unbestritten ist aber auch, dass einige Trademarks des Genres sehr wahrscheinlich aus der Partybude aus El Cerrito stammen. Wer damals welche Idee hatte, wissen wahrscheinlich nicht einmal mehr die Beteiligten selbst.

Nicht wenige halten Metallicas »Whiplash« für den ersten echten Thrash-Song überhaupt, im Refrain heißt es:

Adrenaline starts to flow
You're thrashing all around
Acting like a maniac
Whiplash!

Doch wie man das Kind auch immer nennen mag, Metallica haben ein klares Ziel vor Augen: Sie wollen einen Plattenvertrag. Doch alle großen Firmen lehnen ab. So ein schnell gespielter Krach, das will ja niemand hören.

Glücklicherweise fällt dem an der Ostküste ansässigen Geschäftsmann John Zazula das Demo der Band in die Hände. Der Besitzer eines Plattenladens gehört zu den Pionieren des Thrash Metal und steht in Kontakt mit Anthrax und Overkill, die bei ihm um die Ecke wohnen. Metallica sind jedoch etwas Besonderes für ihn. Er beschließt, den wilden Haufen nach New Jersey zu holen, wo die Jungs dann auch ihre ersten Gigs fern der Heimat absolvieren. Anthrax stellen ihren Proberaum zur Verfügung. Schließlich organisiert Zazula auch noch eine kleine Tour mit Raven, die für Metallica damals Heldenstatus besitzen.

Diese Feuerproben bestehen die Jungs, also gründet Zazula das Label Megaforce Records, um das Debüt *Kill 'Em All* zu veröffentlichen. Die Band und Zazula kratzen irgendwie 12 000 Dollar zusammen, um die Kosten für die Aufnahmen zu decken, und dann kann es eigentlich losgehen.

Eigentlich, denn Mustaines Verhalten geht mittlerweile auf keine Kuhhaut mehr. Während einer gemeinsamen Autofahrt springt er aus dem Wagen und stellt sich, voll wie ein Eimer, mitten auf eine vielbefahrene Hauptstraße. Der Rest hat die Schnauze gestrichen voll, Dave ist ein Risiko für sich, für andere und vor allem die Karriere von Metallica. Also sammeln die anderen Geld ein und setzen den verdutzten, hochbegabten Gitarristen in einen Greyhound-Bus Richtung Kalifornien. Dave kocht vor Wut und notiert auf der Fahrt Textfragmente, die er später bei seiner eigenen Band Megadeth verwenden wird.

Den Rausschmiss sollte Mustaine nie so ganz verkraften. In den ersten Jahrzehnten frisst ihn der Neid fast auf, obwohl auch Megadeth extrem erfolgreich werden. Doch gibt es eben nur eine Band namens Metallica. Seit etwa 2005 schlägt der Rotschopf vereinzelt versöhnlichere Töne an, steht 2010 anlässlich der Big Four Tour mit Metallica, Slayer, Megadeth und Anthrax mit bittersüßem Lächeln (nun ja, so guckt er eigentlich immer) sogar mit seiner alten Band auf der Bühne, um »Am I Evil?« von Diamond Head zu spielen. Aber diese Narbe wird bei »Mega-Dave« wohl nie so ganz verheilen.

Metallica haben derweil längst einen Ersatzmann im Auge. Kirk Lee Hammett von Exodus war bei den Hauspartys selten durch Exzesse aufgefallen (im Verhältnis gesehen) und ist grundsätzlich eher ein zurückhaltender Typ. Am 11. April 1983, dem Tag, an dem Mustaine eine lange Busfahrt antreten durfte, rufen Metallica Hammett an und bitten ihn, zu ihnen an die Ostküste zu kommen. Aufgrund der Nähe der beiden Bands kennt der Gitarrist die Songs eh auswendig, sie spielen als ersten Song »Seek & Destroy«. Später sagt Hetfield, dass er in diesem Moment wusste, dass alles gut wird. Kirk wird Mitglied von Metallica, was er bis zum heutigen Tage ist.

Kill 'Em All wird innerhalb von zwei Wochen in den Music America Studios aufgenommen, als Produzent dient der unbekannte Paul Curcio, der keine Ahnung von Heavy Metal und eigentlich keine Lust auf Metallica hat. Manager Zazula, der dank seiner Investition kurz vor dem Bankrott steht, muss immer wieder eingreifen, damit der Sound wenigstens einigermaßen den Standards entspricht. Zazula versucht auch, Hammett dazu zu bringen, Mustaines Soli zu kopieren, was mal besser, mal schlechter gelingt. Dave bekommt Songcredits für vier Stücke, sein Vermächtnis wird auch auf dem Nachfolger *Ride the Lightning* zu hören sein (laut seinen eigenen Angaben stammt sogar »Leper Messiah« von *Master of Puppets* aus seiner Feder).

Die Band hat in dieser Zeit kein Geld für Hotelzimmer, pennt in irgendwelchen Kneipen oder im Proberaum von Anthrax (man teilt sich Mortadella-Sandwiches aus einem gemeinsamen Kühlschrank). Außerdem gibt es Ärger um den Titel des Albums, Metallica möchten es *Metal Up Your Ass* nennen und auf dem Cover ein Klo sehen, was Zazula ablehnt. Jahre später bringen Metallica ein Shirt mit dem Titel und dem damals angedachten Cover-Motiv heraus. Doch woher stammt der eigentliche Titel? Der Legende nach meint Cliff, man sollte diese Businessleute alle umlegen, woraus schließlich *Kill 'Em All* wird. Metallica als Band überleben beide Hauptdarsteller dieser Aufnahmen, Curcio stirbt 2018, Zazula 2022. Hetfield und Co. würdigen Zazula und seine im Jahr zuvor verstorbene Frau Marsha als Geburtshelfer von Metallica, über Curcio äußern sie sich nicht mehr. Die Vertriebe in den USA und Europa reißen sich nicht gerade um das Album einer außerhalb von Kalifornien unbekannten Truppe, aber schließlich ist alles in trockenen Tüchern, und der Weg auf den Metal-Olymp kann beginnen.

The Four Horsemen: Die Gruppe findet sich

Der Weg nach ganz oben führt über Europa. Zwar ist der US-amerikanische Markt auch zu dieser Zeit die wichtigste Spielwiese, aber speziell für Metal-Bands gilt: Wer sich in Europa einen Namen macht, hat die halbe Miete schon in der Tasche. Und so ist es keinesfalls ungewöhnlich, dass Metallica in ihrer Heimat USA nicht aus dem Stand durch die Decke gehen, während in der Alten Welt, und hier speziell in England und Skandinavien, der Ball so richtig ins Rollen kommt.

Es hilft also nichts, die junge Band muss ins Flugzeug und nach Europa verfrachtet werden, wo sie im Vorprogramm der englischen Altmeister Venom den Support auf deren Seven Dates of Hell-Tour geben sollen. James Hetfield führt Tour-Tagebuch, seine Kritzeleien sind allerdings nicht immer zu entziffern. Seinen Aufzeichnungen nach erreichen Metallica am 2. Februar 1984 die Schweiz, wo sich der junge Gitarrist gleich mal über die Hotelzimmer beschwert. Die seien im Vergleich zu den Zimmern von Venom eher »Wandschränke«. Tja: Erst kommt die Arbeit, dann der Luxus.

Das erste Konzert von Metallica auf europäischem Boden findet am 3. Februar 1984 im Volkshaus in Zürich statt. Anstatt wie üblich auf die eine oder andere Coverversion zurückzugreifen, spielen Hetfield und Co. einfach das komplette Album *Kill 'Em All*, lassen allerdings »Metal Militia« aus. Dafür gibt es mit »Ride the Lightning« schon das Titelstück des kommenden neuen Albums zu hören. Der Sound auf der Bühne soll dank eines mangelnden Soundchecks der schlimmste sein, den Metallica je hatten. In Mailand, zwei Tage später, müssen sie auf ihre Zugabe »Seek & Destroy« verzichten, Gleiches passiert wiederum zwei Tage später in Nürnberg in der Hemmerleinhalle. Hierzu notiert der Gitarrist, dass die Show gut war, auch weil die Band zum ersten Mal einen Soundcheck bekommen hat. Das Publikum ist laut Hetfield erst zurückhaltend, lässt sich dann aber aus der Reserve locken. Ein Hotel gibt es für die Vorband dieses Mal nicht, in der Stadt sind dank der Spielzeugmesse keine Zimmer mehr frei, wie James ungläubig notiert.

Länderpunkte

Es dürfte kein Geheimnis sein, dass Metallica in ihrer Karriere in ihrer Heimat USA die meisten Alben verkauft haben. Aber wo sind sie noch extrem beliebt, wo übersteigen ihre Verkäufe kaum die einer Hobbyband? Natürlich sind solche Zahlen immer mit Vorsicht zu genießen, die Zuverlässigkeit der Meldungen schwankt von Land zu Land. Insgesamt konnten Metallica bis jetzt (Stand: Januar 2023) mehr als 125 Millionen Tonträger verkaufen. Hier die Top 5 der Verkäufe weltweit:

USA: 75,5 Millionen
Deutschland: 10,3 Millionen
Großbritannien: 5,5 Millionen
Australien: 3,9 Millionen
Kanada: 3,8 Millionen

Nicht so rosig läuft es für Metallica in folgenden gelisteten Ländern, wobei es auch hier immer noch für Edelmetallauszeichnungen reicht:

1. Uruguay, alle Golfstaaten zusammen: jeweils 3000
2. Tschechien, Chile: 5000
3. Indien: 15 000
4. Israel, Hongkong: 20 000
5. Irland: 30 000

Nach einem weiteren Auftritt in Paris, wo die Band in einem Zelt spielt und sich nach eigenen Angaben den Arsch abfriert, steht das Aardshock Festival im niederländischen Zwolle auf dem Programm. Mehr als 7000 Fans flippen zu Metallica aus, anschließend nehmen Venom ihr komplettes Konzert auf Video auf und schreiben mit diesem grandiosen Mitschnitt Metal-Geschichte.

Nach einem Auftritt im belgischen Poperinge in einem Club namens Maecke Blyde ist das erste Europa-Abenteuer der vier auch schon wieder vorbei. Die Kollegen von Exodus, die immer noch kein Album vorzuweisen haben, werden große Augen gemacht haben. Wieder im heimischen El Cerrito angekommen, wird weiter an *Ride the Lightning* geschrieben. Wie auch *Master of Puppets* ist das komplette Album in diesen vier Wänden entstanden, was aufgrund der Umstände (Paaarty!) ein echtes Wunder ist.

Der Ausflug kann als voller Erfolg gewertet werden (auch wenn Hetfield immer was zu meckern hat), die Albumverkäufe ziehen massiv an, Europa will mehr Metallica. Die lassen sich nicht lange bitten und kehren schon Ende März für einen Auftritt im Londoner Marquee zurück. Dieses Mal wird das Instrumental »The Call of Ktulu« live vorgestellt, hier allerdings noch unter seinem Originaltitel »When Hell Freezes Over«. Dann geht es weiter nach Kopenhagen, wo *Ride the Lightning* in den Sweet Silence Studios unter der Regie von Flemming Rasmussen aufgenommen wird.

Warum Dänemark? Wahrscheinlich hatte Lars Ulrich Heimweh. Der wirkliche Grund ist allerdings der günstige Wechselkurs von Dollar und Dänischer Krone, so dass die immer noch am Hungertuch nagenden Metallica mehr für ihr Geld bekommen. Schließlich sind sie immer noch bei Megaforce unter Vertrag, die letztlich auch nicht mehr Geld haben als sie selbst. Rasmussen steht zu diesem Zeitpunkt am Anfang seiner Karriere: Bis auf ein paar Arbeiten mit Rainbow (als Techniker) hat er kaum etwas vorzuweisen. Doch damit kostet er ebenfalls nicht so viel wie ein Starproduzent und wird auf die Rasselbande losgelassen.

Das Konzept funktioniert, *Ride the Lightning* besitzt zwar keinen überragenden, aber einen ordentlichen Sound, Band und Produzent liegen auf einer Wellenlänge und merken gar nicht, dass sie Musikgeschichte schreiben. Das aus heutiger Sicht ein wenig zusammengefrickelt wirkende Cover verfehlt seine Wirkung damals dank der intensiven Farben nicht – außer in Frankreich, wo es in einer Druckerei zu einem Fehler kommt und der elektrische Stuhl nicht vor nachtblauem, sondern quietschgrünem Hintergrund steht. 400 Exemplare werden versehentlich gepresst, bis der Fehler auffällt. Wer heute ein solches Exemplar in seiner Sammlung hat, muss sich um seine Rente wohl keine Sorgen machen.

Als das Album in trockenen Tüchern ist, hängen Metallica noch ein paar Tage Europa im Vorprogramm von Twisted Sister und Warlock an und starten in den Niederlanden. Im Laufe der kleinen Tour, die fünf Termine umfasst, landet das Quartett auch im Frankfurter Volksbildungsheim.

Und es gibt einige Augenzeugen, die der Meinung sind, dass die deutsche Metal-Szene niemals so groß geworden wäre, hätte es dieses Haus nicht gegeben. Denn in dieser Zeit gibt sich die nationale und internationale Metal-Elite die Klinke in die Hand. Hier werden Bands gegründet und gleich wieder aufgelöst, hier wird den neuen Helden zugejubelt. Metallica interessiert freilich etwas anderes – die deutsche Metal-Queen Doro Pesch ist die einzige Frau im Tourtross, besonders James Hetfield versteht sich blendend mit ihr. Aus dieser Begegnung sollte eine langlebige Freundschaft erwachsen.

Zurück in den USA, heißt es für Metallica nur kurz durchschnaufen, denn mit San Francisco und New York (mit Raven und Anthrax) stehen schon die nächsten Auftritte auf dem Programm, bevor es für ein einziges Festival in Frankreich wieder nach Europa geht.

In dieser Zeit lernen sich die vier Musiker, ob sie wollen oder nicht, sehr gut kennen. Schließlich verbringen sie mehr gemeinsame Zeit zusammen als mit irgendjemandem sonst. Zum ersten Mal im Leben wirklichem Tourstress ausgesetzt, entwickeln sich die Beziehungen der Mitglieder zueinander. Dabei stellt sich heraus, dass Lars und James die beiden unangefochtenen Chefs sind. Obwohl extrem verschieden und bei weitem nicht immer einer Meinung, sind sie diejenigen, die Metallica auf Kurs halten. Mal steht der eine mehr im Vordergrund, mal der andere. Doch existiert zwischen ihnen ein unsichtbares Band, das den ganzen Laden zusammenhält. Kirk Hammett spielt zwar die Lead-Gitarre (eigentlich eine Pole-Position), aber hat doch eine eher untergeordnete Rolle inne, was auch in diesem Genre untypisch ist. Normalerweise führen Sänger und Gitarrist eine Combo.

Doch hat Hammett sich früh mit seiner Rolle abgefunden, ihn drängt es nicht unbedingt ins Rampenlicht. Der Sohn einer Filipina, die für die US-Regierung arbeitet, und eines irischen Matrosen gibt sich schon als Jugendlicher seinen beiden großen Hobbys hin: Musik und Horror. Hammett steht auf Filme und Comics aus dem Gruselgenre, vor allem die Klassiker von Dracula bis zu Frankenstein und H. P. Lovecraft haben es ihm angetan. Er sammelt auch als Erwachsener noch seltene Filmplakate, Hefte und Bücher und schmückt einige seiner Gitarren mit bekannten Figuren wie der Mumie. Aufgewachsen in den 1970ern, zieht Hammett seine musikalische Inspiration aus dieser Dekade, als größte Einflüsse nennt er immer wieder die Scorpions, Michael Schenker und Uli Jon Roth.

Wie groß sein Einfluss auf den Gesamtsound von Metallica ist, ist schwer einzuschätzen. Er schreibt zwar regelmäßig Songs (in Ausnahmefällen auch mal Texte), bekommt allerdings nur selten Credits auf den Alben. Sein wohl bekanntestes Riff ist das von »Enter Sandman«, das allerdings viele Jahre zuvor und in einem ganz anderen Kontext entstanden ist. In den frühen Metallica-Kompositionen sollen auch Passagen von Exodus-Stücken enthalten sein, die aus Kirks Feder stammen.

Seine Fähigkeiten als Gitarrist sind ebenfalls umstritten. Einige halten ihn für einen der besten Gitarristen, die die Welt je gesehen hat. Andere Mucker-Polizisten bemängeln sein unsauberes Spiel und lästern, er würde sein geliebtes Wah-Wah-Pedal nur deshalb so häufig benutzen, damit man nicht hört, wie oft er sich verspielt.

Die Wahrheit liegt wahrscheinlich in der Mitte. Fakt ist, dass die größte Metal-Band der Welt mitnichten den größten Lead-Gitarristen der Welt beschäftigt. Und rund um die Veröffentlichung von *... And Justice for All* gerät Hammett in eine heftige Kokainabhängigkeit, außerdem probiert er mehrmals Heroin, was ihm aber nicht zusagt. Deshalb ist er heute wahrscheinlich noch am Leben. Seine Drogengeschichten kommen erst im Rahmen der Aufnahmen von *Some Kind of Monster* heraus. Wahrscheinlich hat ihn vorher einfach niemand gefragt.

Im Vorfeld der Veröffentlichung des vorletzten Studioalbums *Hardwired ... to Self-Destruct* (2016) gibt der Gitarrist an, dass er sein Handy am Flughafen von Kopenhagen verloren hätte, auf dem über 100 Riffs und Songideen gespeichert waren. Die Kommentare im Internet sind eher gehässig, die meisten hoffen, dass sie durch dieses Malheur einem weiteren Album der Marke *St. Anger* entgangen sind. Tenor: Wer über 100 Ideen speichert, hat wahrscheinlich nicht eine einzige gute.

Im Jahr 1985 hat er sich als Gitarrist so weit etabliert, dass er seinen Gitarren Namen geben kann. Eddie Van Halen spielte am liebsten auf seiner »Frankenstein« (auch »Frankenstrat« genannt), während Brian May auf seine selbst entworfene und mit seinem Vater gebaute »Red Special« schwört. Hetfield

ESP Gitarren

Der japanische Gitarrenhersteller ESP wurde 1975 gegründet und wäre möglicherweise längst vergessen, wenn es da nicht diese eine Thrash-Band aus San Francisco geben würde. James Hetfield und Kirk Hammett spielen diverse Modelle verschiedener Firmen (unter anderem Gibson, Martin, Jackson, Fender, Electra), stiefeln aber am häufigsten mit ESP-Gitarren auf die Bühne oder ins Studio. Darunter sind einige Modelle mittlerweile legendär:

James Hetfield

Die Form der ESP Snakebite in Weiß gehört seit den Anfangstagen zu Hetfield. Ursprünglich eine Gibson Explorer, werden diese Gitarren mittlerweile auch von ESP gebaut. Allerdings nach den genauen Vorgaben von Hetfield. Das erste ESP-Modell fand auf *... And Justice for All* Verwendung und trug den Namen Fuk 'Em Up.

Die schwarze Doubleneck M250 gehört seit dem schwarzen Album zu Hetfields Repertoire. Doppelhälsige Gitarren machen halt immer was her und bieten sich bei dynamischen Songs mit mehreren Wechseln zwischen laut und leise an.

Im letzten Jahrzehnt gehört das Modell Iron Cross zu Hetfields Favoriten. Ebenfalls nach seinen Vorgaben gefertigt fällt hier das große Eiserne Kreuz auf, das auf den Korpus aufgeschraubt ist. Es findet sich auch auf dem Griffbrett wieder. Das Modell ist in Weiß mit schwarzen Applikationen oder in Schwarz mit vergoldeten Applikationen erhältlich.

Kirk Hammett

Hammett bevorzugt Gitarren, die seine Vorliebe für das Horrorgenre repräsentieren. Eine Ausnahme bildet die fast komplett schwarze ESP MM-270, die nur mit einem winzigen Zorlac-Sticker und den mittlerweile legendären Skull and Bones-Inlays auf dem Griffbrett daherkommt. Die in Form einer Super Strat gehaltene Gitarre ist die Mutter aller Hammett-Gitarren.

Ebenfalls seit Ewigkeiten im Spiel ist die ESP KH-2 M-II, die mit Motiven eines Ouija-Boards geschmückt ist. Live kommt sie in fast allen Bandphasen zum Einsatz. Das gleiche Modell gibt es unter anderem auch noch mit Frankenstein-Motiv, als Dracula-Variante und als Bride of Frankenstein, in leichten Abwandlungen als White Zombie (hier ist der Film von 1932 gemeint, nicht die Band) und The Mummy.

Die ESP MM-290 ist seit dem schwarzen Album im Einsatz und fällt durch einen Sticker mit der Aufschrift »Caution Hot« auf, was ihr ihren Spitznamen einbrachte. Neben dem ersten Tonabnehmer steht außerdem »Kirk's Guitar«. Nur falls einer der Roadies mal durcheinanderkommen sollte.

musste die ersten Jahre auf einer Flying V der Billigfirma Elektra musizieren, bevor er 1984 auf eine Gibson Explorer wechselt. Dies Modell ist nach Jahrzehnten untrennbar mit ihm verbunden, auch wenn er diverse andere Modelle spielt. Seine ersten beiden Explorer tragen die Namen »So What« und »More Beer«, erstgenanntes Modell geht 1984 in die Brüche und wird für die Aufnahmen von *»Death Magnetic«* 2008 wieder aufpoliert. *»Master of Puppets«* nimmt er größtenteils mit einer King V aus dem Hause Jackson auf. Der Name dieses Schmuckstücks? »Kill Bon Jovi«. Hetfield und Ulrich sind besondere Fans des Hairspray-Metal und seiner Stars. Im Videoclip zu »Nothing Else Matters« ist kurz zu sehen, wie sie Dartpfeile auf ein Foto von Kip Winger werfen. Auf so eine Idee wären weder Kirk Hammett noch Cliff Burton gekommen. Kirks Gitarren tragen selbstverständlich Namen wie »Dracula« oder »Frankenstein«.

Nach weiteren Auftritten in den USA und Europa (unter anderem mit Tank, W.A.S.P., Armored Saint, Exodus und, Achtung: Bon Jovi) finden sich Metallica wieder in ihrem Haus in El Cerrito ein, um an dem neuen Album zu knobeln. Hetfield, der sich die Jahre zuvor immer wieder gegen den Job am Mikro gewehrt hatte und diverse Namen als Ersatz für sich in den Raum stellte, hat sich nun mit seinem Schicksal abgefunden. Ab diesem Zeitpunkt hört man jedenfalls nichts mehr davon, dass er lieber ausschließlich Rhythmusgitarre spielen würde, wie zum Beispiel Scott Ian bei Anthrax.

Die außergewöhnlichen Leistungen an der Live-Front und die Erfolge der Band lassen auch Branchenriesen aufmerksam werden. Elektra macht Ende 1984 das Rennen und nimmt die Jungs unter Vertrag, die nun endlich auch mal etwas Geld sehen und aus diesem Grunde sehr wahrscheinlich besonders motiviert sind, gutes Material abzuliefern. Zuvor wird aber das kaum ein halbes Jahr auf dem Markt befindliche *Ride the Lightning* in unveränderter Form (bis auf den Aufdruck der Plattenfirma) erneut unter das Volk gebracht.

Metallica werden Jon und Marsha Zazula, die 2022 beziehungsweise 2021 nur wenige Monate nacheinander versterben, nie vergessen. Nach Jons Tod spielt die Band ein kleines Konzert zum Gedenken an die beiden. Vor allem James ist

Ride the Lightning steht allein in den USA bei über fünf Millionen verkauften Exemplaren. Zum Vergleich: *Peace Sells ... But Who's Buying*, der zweite Streich von Dave Mustaine und seiner Band Megadeth, verkauft sich rund eine Million Mal in der Heimat. Was allerdings kein Qualitätsurteil sein soll.

sichtbar gerührt und greift sich mit der Hand immer wieder ans Herz.

Das dritte Album entscheidet normalerweise darüber, ob eine Band langfristig an der Spitze bleibt oder ob sie untergeht. So zumindest eine alte Weisheit. Im Fall von Metallica könnte sie wahrer nicht sein, denn was als Nächstes folgt, ist ihr unbestrittenes Opus magnum. Sollten Außerirdische in einigen Jahrhunderten mal in den Trümmern dieses Planeten wühlen, wünsche ich ihnen, dass sie ein Exemplar von *Master of Puppets* finden. Denn auf diesem Album, und da sind sich Fans, Presse und Band ausnahmsweise mal einig, vereinigen Metallica alle ihre Stärken. Wieder in Kopenhagen bei Flemming Rasmussen aufgenommen (offizielle Aufnahmezeit: 1. September bis 27. Dezember 1985), gilt das Werk als Blaupause für richtig guten Thrash Metal. Vom Einstieg »Battery« an stimmen Geschwindigkeit, Technik, Aggressionen und Melodieverständnis. Selbst das alteingesessene Time Magazine zählt die Platte zu den 100 besten Musikalben aller Zeiten. Piero Scaruffi, Journalist und Buchautor (*A History of Rock Music*), hält *Master of Puppets* für die zweitbeste Veröffentlichung aller Zeiten im Metal-Bereich. Für ihn wird dieses Werk nur noch von *Slow, Deep and Hard* von Type O Negative getoppt (eine steile These, über die man sicher den einen oder anderen Abend diskutieren darf).

Fakt ist, dass *Master of Puppets* eine Vielzahl von Nachahmern auf den Plan ruft. Die wollen das Original nicht zwangsläufig kopieren, sind aber heftig inspiriert von den Songs und dem Sound dieses Albums. Ein gutes Beispiel dafür ist die Band Xentrix, die 1989 auf der internationalen Bildfläche erscheint und trotz eines zwischenzeitlichen Sängerwechsels heute mehr nach Metallica klingt als Metallica selbst. Zu nennen sind auch Sacred Reich, Testament, die französischen ADX, die aus Brasilien stammenden Sepultura oder die deutschen Paradox. Und Dutzende andere Kapellen sind mehr oder weniger stark von Metallica beeinflusst. Zudem stoßen die Jungs aus der Bay Area Türen auf, die sonst sehr wahrscheinlich auf ewig verschlossen geblieben wären. *Master of Puppets* ist das erste Metallica-Album, das mit Gold ausgezeichnet wird. Und das, ohne dass Metallica im Radio gespielt wurden, eine Single veröffentlicht oder ein Video gedreht haben.

Genau in dieser Zeit behauptet Lars Ulrich, dass die Band niemals kommerzielle Überlegungen anstellen und niemals ein Musikvideo drehen würde. Beides stimmt eher nicht. Aber egal, das Ganze ist für das gesamte Genre ein Quantensprung. In einer viel später veröffentlichten De-luxe-Version gibt es neben dem Album acht zusätzliche CDs mit diversen Demo- und Live-Aufnahmen. Hier wurden die allerletzten Schnipsel und leiernden Aufnahmen aus dem Proberaum verwertet.

Metallica sitzen wenige Tage nach der Veröffentlichung von *Master of Puppets* im März 1986 schon wieder im Tourbus. Von Ende März bis Anfang August gondeln sie gemeinsam mit Headliner Ozzy Osbourne kreuz und quer durch die USA. Was sie bisher noch nicht über Drogen wussten, werden sie auf diesem Trip gelernt haben. Zum ersten Mal spielen sie, dank des

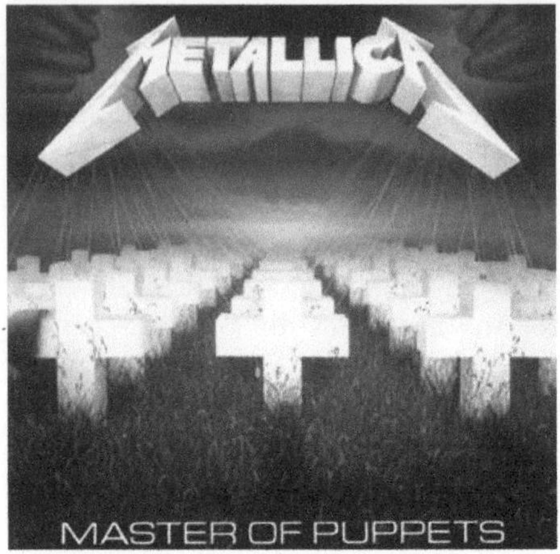

Headliners, in großen Arenen und feiern sich in erster Linie selbst. Mitreisenden Medienvertretern fällt der massive Alkoholkonsum der Band auf, was im Tourtross von Ozzy schon eine Leistung ist.

Und so muss es zu einem Unglück kommen, wenn auch erst mal nur zu einem kleinen. Hetfield versucht sich als Skateboarder, macht sich prompt lang und bricht sich den Arm. Statt die Tour zu unterbrechen, holt das Quartett John Marshall von Metal Church als Ersatz in die Band. Hetfield fühlt sich ohne seine Gitarre auf der Bühne unwohl, doch macht ihm das Management klar, dass er da jetzt durchmuss. Die Aufnahmen mit Marshall sind später unter Bootleg-Fans gesuchte Sammlerstücke, auch wenn Metallica nur sieben bis acht Songs darbieten. Auf der Tour spielen die Jungspunde während des Soundchecks einige Songs von Black Sabbath an, was Ozzy überhaupt nicht gefällt. Er glaubt, Metallica wollten ihn lächer-

Das ikonische **Coverartwork**, mit dem Bandlogo, das über einem Feld von Kreuzen schwebt, die wiederum wie Marionetten über Fäden mit zwei Händen in den ober Ecken verbunden sind, das in Tausenden Jugendzimmern hing oder hängt (die Jugendlichen sind heute natürlich so um die 50), stammt aus der Feder von Don Brautigam nach einer Idee der Band und ihrem Manager Peter Mensch. Brautigam war ein bekannter Coverzeichner für Bücher und LPs, unter anderem stammen *Among the Living* (Anthrax), *Dr. Feelgood* (Mötley Crüe) oder *The Razor's Edge* (AC/DC) aus seiner Feder. Er arbeitete auch für die Rolling Stones oder ZZ Top, Bücher von Stephen King, Agatha Christie oder Dean Koontz sind ebenfalls mit seinen Covern versehen. Nach Brautigams Tod im Jahr 2008 wurde das Originalbild von *Master of Puppets* für rund 35 000 Dollar versteigert.

lich machen. Am Ende sind aber doch beide Parteien sehr zufrieden mit der Tour und gehen in aller Freundschaft auseinander.

Doch der Stress nimmt nicht ab. Vier Wochen dauert die anschließende Pause, um auszuschlafen, die Klamotten zu waschen und überhaupt einigermaßen klarzukommen.

Dann steht der europäische Ableger der Damage Inc.-Tour auf dem Plan. John Marshall muss für die ersten Gigs mit, weil Hetfield immer noch nicht ganz einsatzbereit ist. Im Vorprogramm dürfen sich die alten Kumpel von Anthrax austoben. Das Set von Metallica ist jetzt natürlich wesentlich umfangreicher, zwischen 15 und 18 Songs werden in die moshenden Fanmassen geschleudert und der Mob schreit noch immer nach mehr. Unabhängig davon, ob im Vereinigten Königreich, wo die Tour beginnt, in Schweden oder Norwegen: Die Anhänger feiern die fünf, als gäbe es kein Morgen mehr. Der Song »Master of Puppets« gefällt nicht nur Cliff Burton am besten, sondern stellt sich auch schnell als Publikumsliebling heraus. Bis heute ist das Stück das am häufigsten live gespielte Lied der Band überhaupt.

For Whom The Bell Tolls: Schicksalsschlag

Die Rolle des Ausnahme-Bassisten Clifford Lee Burton in der Karriere und im Werk von Metallica in wenige Sätze zu fassen ist nicht einfach. Denn der in Castro Valley, Kalifornien, geborene Bassist war Mentor, musikalisches Hirn, großer Bruder, Gewissen, Rückgrat sowie Identifikationsfigur und Sympathieträger für die Fans in Personalunion. Und das alles, obwohl er, nüchtern betrachtet, gerade einmal vier Jahre und drei Alben bei Metallica verbrachte. Sein plötzlicher Tod am frühen Morgen des 27. September 1986 veränderte alles, nicht nur seine eigene Band. Burton war einer der ersten prominenten Toten der noch jungen Szene, die in ihren Grundfesten erschüttert wurde. Von Rockmusikern, den Helden unserer Eltern, wusste man, dass sie auf ungewöhnliche Art umkommen konnten. Drogen, Verkehrsunfälle, Selbstmorde – alles kalter Kaffee. Aber unsere jungen, langhaarigen Metal-Götter, die gerade dabei waren, die Welt zu erobern? Tausende Fans waren am Boden zerstört, viele prophezeiten Metallica den baldigen Abstieg. Die sammelten sich jedoch nur kurz (viel zu kurz, wie sie im Nachhinein feststellen mussten) und machten weiter, als wäre nichts geschehen. Doch würden sie nie wieder die Metallica werden, die sie einmal waren.

Cliff Burton wird 1962 in einem Städtchen namens Castro Valley in der Bay Area von San Francisco geboren. Seine Eltern, waschechte Hippies, haben bereits zwei Kinder, Cliff gibt also das Nesthäkchen. Und der zeigt sich bereits im Vorschulalter musikalisch begabt, besonders Cliffs Vater Ray fördert das Interesse des kleinen Stöpsels an klassischer Musik und Literatur. Schon früh nimmt Cliff Klavierunterricht, es gibt wohl sogar Anzeichen für eine Hochbegabung, die aber nicht weiter gefördert wird. Im Teenager-Alter passt sich sein Musikgeschmack ein wenig an. Jetzt sind es Country, Rock und die frühen Metal-Bands, die das Interesse von Cliff auf sich ziehen.

Als sein älterer Bruder Scott im Jahr 1975 an einem Gehirnaneurysma stirbt, veränderte sich auch Cliffs Leben. Obwohl er laut seinen Eltern immer genügend Freunde hat, mit denen er fischen geht oder einfach nur herumhängt, konzentriert er sich jetzt noch intensiver auf die Musik. Er will für seinen Bruder der beste Bassist überhaupt werden. Ein Lehrer nach dem anderen wirft das Handtuch, weil Burton sie in Rekordzeit überflügelt und an die Wand spielt. Er improvisiert zu Rock, Jazz und Klassik und wird so schnell ein fester Teil der riesigen Musikerszene in San Francisco und Umgebung. Gemeinsam mit seinen Jugendfreunden Jim Martin und Mike Bordin (beide später unter anderem mit Faith No More erfolgreich) gründet er Bands wie EZ-Street oder The Chickenfuckers. Richtig ernst wird es aber erst mit Trauma. Die bis heute aktive Band gehört zu den Combos aus der Bay Area, die sich zumindest in Kalifornien einen Namen machen können, und spielt regelmäßig live.

Cliff ist auf dem ersten Demo von 1982 zu hören. Zu diesem

Zeitpunkt entscheidet sich der blonde Hüne, ein professioneller Musiker zu werden. Aber vollkommen glücklich ist er mit Trauma nicht, die schielen nach den Erfolgen von gerade aufkommenden Bands wie Mötley Crüe oder W.A.S.P. und wollen ›kommerzieller‹ werden, wie Cliff es später selber schildert. Er aber liebt den rauen Speed Metal, den die Band aktuell spielt.

An einem Abend im legendären und bis heute existierenden Club Whiskey a Go Go in Los Angeles gibt der Bassist auf der Bühne alles und lässt zwei Passagen anklingen, die wenige Jahre später Metal-Geschichte schreiben werden – das Solo »Anesthesia (Pulling Teeth)« und ein Intro, das später den Auftakt von »Creeping Death« bilden wird.

Zwei junge Metalheads im Publikum registrieren wie gesagt beeindruckt die ungewohnten Töne, glauben aber dank schlechter Sicht, da würde ein Gitarrist spielen. Als sie erkennen, dass es der Bassist ist, sind sie, so die Legende, sofort Feuer und Flamme. Lars und James sind mit ihrem Viersaiter Ron McGovney unzufrieden, also starten sie im Frühsommer 1982 eine Telefonterrorattacke auf Cliff, an die sich seine Eltern Jan und Ray beide noch Jahrzehnte später lachend erinnern. Die beiden rufen buchstäblich jeden Tag an, um Cliff in ihre Band zu locken. Der bleibt anfangs standhaft, weil ihm Loyalität über alles geht. Doch bringen ihn die erwähnten musikalischen Differenzen und die Hartnäckigkeit der beiden Jungs schließlich doch ins Grübeln. Am Ende sagt er zu, allerdings nur unter zwei Bedingungen: Metallica brechen ihre Zelte in Los Angeles ab und ziehen zu ihm in die Bay Area. Und er bekommt genug Freiraum, um seine Künste am Bass zu demonstrieren. Er möchte nicht der Mann im Hintergrund sein, der einfach »Plunk, Plunk, Plunk« spielt, wie er selbst es einmal ausdrückte. Hetfield erinnert sich später, dass er Cliff am Telefon alles zugesagt hatte, solange sich dieser für Metallica entscheidet.

Ron McGovney schmeißt im Dezember 1982 die Brocken hin, ohne zu wissen, dass da schon längst über sein Schicksal entschieden worden war. Bis auf ein kurzes Gastspiel bei der Band Phantasm Mitte der achtziger Jahre wird sich Ron komplett aus dem Musikgeschäft verabschieden. Ab und an gibt er noch Interviews, zu saftigen Preisen, oder klettert zu speziellen Konzerten bei Metallica oder Dave Mustaines Megadeth auf die Bühne. Das sind allerdings Ausnahmen. Er selbst gibt in Interviews zu, dass er der Band als Tour-Manager mehr hätte helfen können denn als Bassist.

Cliff integriert sich ab Ende 1982 schnell in die Band, ist den anderen in Sachen musikalischer Bildung Lichtjahre voraus, lässt das aber nicht raushängen. Augenzeugen zufolge ist es schwer bis unmöglich, mit Cliff in Streit zu geraten. Sein Hippie-Background lässt ihn die Dinge entspannt angehen, während James, Lars und vor allem Dave (ab April 1983 dann Kirk Hammett) sich als Hitz- und Dickköpfe abarbeiten.

Die drei Alben *Kill 'Em All* (1983), *Ride the Lightning* (1984) und *Master of Puppets* (1986), auf denen Burton zu hören ist, tragen alle deutlich seine Handschrift. Es ist nicht nur der Solospot, den er auf jedem einzelnen Werk bekommt und die bis heute zu den Standardrepertoires eines jeden Rockbassisten gehören. Die Instrumentalnummern sind auch beim ›normalen‹

Publikum echte Hits und werden bis heute gefeiert, wann immer sie irgendwo ertönen. Die Tonfolgen, verzerrten Akkorde und Wah-Wah-Orgien haben sich tief in das Gedächtnis der Metal-Fans eingegraben. Wer länger als ein paar Jahre dabei ist, weiß ganz genau, wie »Anesthesia (Pulling Teeth)«, das geniale Intro von »Creeping Death« oder »Orion« klingen.

Doch damit nicht genug, Burton hat dank seiner theoretischen Vorbildung ein Händchen für Arrangements und liefert auch hochkomplexe Riffs für die Songs. Auf *Kill 'Em All* wird bis auf sein Solo nur älteres Material verwendet, doch steht auf *Ride the Lightning* sein Name schon bei sechs von acht Songs in den Credits. Bezeichnenderweise sind es die beiden schwächeren Stücke »Escape« und »Trapped Under Ice«, bei denen er nicht beteiligt ist. An seiner Seite wachsen vor allem Hetfield und Ulrich zu wahren Riffmonstern, die ein *Master of Puppets* überhaupt erst möglich machen. Auf diesem Album steuert Burton nur bei zwei Songs eigene Ideen bei, in damaligen Interviews erklärt er aber, dass sich das auf dem nächsten Album wieder ändern wird. Wird es leider nicht. Zumindest nicht so, wie er sich das vorgestellt haben dürfte.

Über die verfluchte Nacht vom 26. auf den 27. September 1986 ist viel geschrieben und noch mehr spekuliert worden. Bekannt ist, dass die Band im Rahmen ihrer Europatour (Vorprogramm: Anthrax) am Vorabend in Stockholm spielt und Augenzeugen zufolge ein wahres Feuerwerk abbrennt. James Hetfield hatte sich im vorigen Sommer den Arm beim Skateboardfahren gebrochen und konnte eine gewisse Zeit nicht Gitarre spielen. Nun war die Verletzung verheilt, was die Laune des Frontmannes deutlich hebt. Metallica bauen mit der Coverversion von »Blitzkrieg« sehr wahrscheinlich sogar noch eine ungeplante Zugabe ein, weil die Stimmung am Siedepunkt ist. Was zu diesem Zeitpunkt niemand ahnt: Die anderen drei sind auf dieser Tour genervt von Ulrich und planen ihn im Anschluss der Reise durch einen anderen Schlagzeuger zu ersetzen. So erzählen es Mitglieder der Band jedenfalls Anthrax-Gitarrist Scott Ian, der die News an Dave Mustaine weiterträgt. Der geht damit erst 2009 an die Öffentlichkeit, Hammett und Co. dementieren deutlich. Aber Scott Ian bleibt bis heute bei seiner Version.

An diesem Abend in Stockholm ist im Metallica-Camp von schlechter Stimmung nichts zu spüren. Zufrieden verzieht sich die Band nach getaner Arbeit in ihren Tourbus, der allerdings eine Katastrophe ist. Die Band beschwert sich schon Tage zuvor über die enge Schrottmühle, wird aber ignoriert. Also müssen die wenigen brauchbaren Kojen ausgelost werden. Kirk Hammett, der sich bereits einen guten Platz gesichert hat, tritt gegen Cliff Burton an. Beide ziehen eine Karte, die höhere gewinnt. Cliff erwischt das Pik-Ass und darf seinen Schlafplatz frei wählen. Er nimmt die von Kirk besetzte Pritsche, der sich grummelnd nach oben verzieht, wo es »ja sowieso viel schöner ist«. In den frühen Morgenstunden verlässt der Bus Stockholm und hält auf Kopenhagen zu, auf das sich Lars Ulrich besonders freut. Schließlich kehrt er zurück in die alte Heimat. Um sieben Uhr früh schlafen die Musiker und ihr Tross fest, als der Bus auf der E4 rund 19 Kilometer nördlich des kleinen Städtchens Ljungby aus dem Nichts ins Schleudern und auf den Grünstreifen gerät. Er kippt auf die rechte Seite. Burton wird aus seiner völlig ungesicherten Koje durch eines der Busfenster geschleudert und anschließend unter dem tonnenschweren Vehikel begraben. Der 24-Jährige ist sofort tot.

Für die Metal-Community bricht eine Welt zusammen. Zum ersten Mal hat es einen der Unseren erwischt. Es fühlt sich an, als wäre ein guter Freund verunglückt. Für viele, auch den Autor dieser Zeilen, eine neue Erfahrung im noch jungen Leben. Klar: Mit Jimi Hendrix, Janis Joplin oder Jim Morrison gab es bereits in den 1970ern prominente Rock-Leichen. Aber das waren eher die Helden unserer Eltern (auch wenn wir früher oder später ebenfalls auf den Geschmack kamen). Selbst das spektakuläre Ableben von AC/DC-Sänger Bon Scott, der im Februar 1980 nach einer Sauftour im Auto eines Freundes angeblich an seinem Erbrochenen erstickt war (heute hält man es für wahrscheinlicher, dass er an Unterkühlung starb) oder Led-Zeppelin-Schlagzeuger John Bonham, der wenige Monate später auf ähnliche Weise ins Gras biss, kamen für uns ein paar Jahre zu früh. Im Kindergarten muss man sich einfach mit anderen Problemen herumschlagen, als um über Jahre hinweg schwer betrunkene Musiker zu trauern, so genial sie auch gewesen sein mögen.

Cliff Burton hingegen war mir präsent, wenn auch erst seit einigen Monaten. Meine Peer Group und ich wurden von einem Haufen älterer Jungs auf den wahren Pfad der Musik geleitet. Besagte Rotte trug die Haare lang, T-Shirts mit undefinierbaren Schriftzügen, konnte Bierdosen in einem Zug leeren und danach rülpsen, dass die Scheiben zitterten. Keine Frage, das waren genau die richtigen Vorbilder für uns, die irgendwo zwischen 10 und 13 Jahren alt nach einem ›Sinn‹ im Leben suchten. Alleine die schwarzen Shirts mit ihren martialischen Aufdrucken und die Jeansjacken mit den Aufnähern übten eine niemals gekannte Anziehungskraft auf uns aus.

Später lernten wir, dass das keine schnöden Jeansjacken, sondern ›Kutten‹ waren, die wir da bestaunten. Zum Teil martialisch anmutende Schriftzüge von Whitesnake und Iron Maiden über Slayer und Sodom bis hin zu Morbid Angel und

Death zierten diese Kleidungsstücke, von denen wir natürlich auch sofort eines haben wollten. An dieser Stelle ein Dank an all die Mütter, die in diesen Jahren kopfschüttelnd an ihrer Nähmaschine gesessen und sich gefragt haben, was sie in der Erziehung nur falsch gemacht haben mögen. Gar nichts natürlich, aber das konnten sie damals noch nicht wissen. So oder so, viele dieser Kutten besaßen einen großen Rückenaufnäher in der Mitte, der die absolute Lieblingsband des Trägers anzeigte. Und unglaublich viele Metalfans hatten an dieser Stelle Metallica und das Cover von *Master of Puppets* verewigt. Ich selbst könnte behaupten, ebenfalls das Bild mit den weißen Kreuzen und den Händen im Himmel als Mittelpunkt gewählt zu haben, das würde die Story schön rund machen. Tatsächlich fiel meine damalige Wahl auf Sodoms *Agent Orange*, weil das Motiv noch ein bisschen brutaler aussah und auch der Bandname mehr schockte. Und schocken wollten wir allemal.

Wer kein Geld für die Aufnäher oder keine Mutter mit Handarbeitsfähigkeiten besaß, malte sich die ikonischen Schriftzüge und Cover selber auf den Stoff, musste dann aber auch mit Klassenkeile rechnen. Wir frisch mit Kutten ausgestatteten Jungrocker versammelten uns in unserem niedersächsischen Heimatkaff in Parkanlagen oder an Bushaltestellen und wollten so cool sein wie unsere älteren Vorbilder. Immer mit dabei ein klapperiger Kassettenrekorder, aus dem ohne Unterlass unsere neu entdeckte Lieblingsmusik dröhnte. Und das war in diesem Fall zu 80 Prozent *Master of Puppets*, das im Jahr zuvor veröffentlichte Meisterwerk der vier Jungs aus dem fernen Kalifornien.

Rückblickend fühlt sich der Sommer 1986 an wie ein einziges großes Sit-in mit musikalischer Untermalung. Umso krachender schlägt die Meldung von Burtons Ableben ein. Die Verzögerung hält sich in Grenzen, denn zwar gibt es noch kein Internet, aber seit wenigen Jahren einen Musiksender im Fernsehen. MTV berichtet über den Unfall, und innerhalb weniger Stunden wissen Metalheads auf der ganzen Welt Bescheid. Der Schock sitzt tief, Tausende junge Menschen starren ungläubig auf die Metallica-Poster an ihren Wänden.

Doch nicht nur die Fans trauern, die gesamte Branche ist geschockt. Ex-Gitarrist Dave Mustaine, mittlerweile mit Megadeth erfolgreich, setzt seinem alten Freund Cliff mit dem Song »In My Darkest Hour« ein musikalisches Denkmal, während Anthrax und Metal Church ihm gleich ihre kompletten Alben *Among the Living* beziehungsweise *The Dark* widmen.

Das Städtchen **Ljungby** mit seinen kaum 15 000 Einwohnern wird zur Pilgerstätte für Metal-Fans aus der ganzen Welt. Seit 2006 findet sich nahe der Unfallstelle ein Gedenkstein mit Burtons Konterfei, im Mai 2022 eröffnet ein Museum zu Ehren des Bassisten in Ljungby, das unter anderem auch als Treffpunkt für die immer noch zahlreichen Besucher dient.

Die drei überlebenden Musiker und ihre Crew brechen die Tour natürlich ab und fliegen nach Hause. Es gibt nur wenige bewegte Bilder von James, Kirk und Lars direkt nach dem Unglück. Einem humpelnden Hammett, nur für einen Augenblick im Bild, steht der Schock ins Gesicht geschrieben. Und während sich die Metal-Welt fragt, wie es nun mit Metallica weitergehen soll, kommen immer mehr Details des Unfalls ans Licht. Der Fahrer des Busses gibt zu Protokoll, dass die Fahrbahn vereist gewesen sei und er deshalb die Kontrolle über das Fahrzeug verloren habe. Hetfield rennt direkt nach dem Crash in Unterhose und auf Socken die Fahrbahn ab, kann aber kein Eis entdecken und muss von den anderen Überlebenden beruhigt werden. James will Alkohol im Atem des Fahrers gerochen haben und auf ihn losgehen. Letztlich ist bis heute völlig ungeklärt, ob der Busfahrer übermüdet, angetrunken oder einfach unaufmerksam war. Er wird zum Entsetzen der Fangemeinde vor Gericht freigesprochen, sein Name taucht nicht mehr in der Presse auf. Und das ist auch sicher besser so, denn dieser Mann hat sich weltweit eine Menge Feinde gemacht. Cliffs Leiche wird derweil in die USA überführt und verbrannt, seine Asche auf der Maxwell Ranch verstreut. Während der Trauerzeremonie läuft sein Song »Orion« von *Master of Puppets*.

Während die Szene immer noch in Schockstarre verharrt, läuft die Maschinerie Metallica einfach weiter. Vom möglichen Rausschmiss Ulrichs ist keine Rede mehr. Nur wenige Wochen nach dem Unglück haben Metallica um die 50 Bassisten angetestet, und das Rennen macht: Jason Newsted. Der spielte zuvor in der Band Flotsam and Jetsam und soll mal eben in Cliffs übergroße Fußstapfen treten. Ein Plan, der nur schiefgehen kann, auch wenn er den Segen von Cliffs Eltern erhält, die ihn persönlich bei Metallica begrüßen.

Newsted stammt aus Michigan, ist der Sohn einer Lehrerin und eines Exportmanagers. Nach dem Umzug nach Arizona gründet er die Thrash-Band Flotsam and Jetsam, bei der er für große Teile der Kompositionen und der Texte zuständig ist. Die Band ist ohne ihn bis heute aktiv, veröffentlicht regelmäßig Alben und ist immer mal wieder in Europa auf Tour.

Brian Slagel wird auf die Band aufmerksam und nimmt sie später bei Metal Blade unter Vertrag. Er ist bekennender Fan der Truppe, und so scheint es nicht unmöglich, dass er mit dem einen oder anderen Tipp Metallica auf Jason aufmerksam gemacht hat. Allerdings sind Flotsam zu dieser Zeit in der Szene längst bekannt, ihr wenige Monate vor dem Unfall erschienenes Debüt *Doomsday for the Deceiver* ist erfolgreich und gilt heute als Thrash-Klassiker. Songs wie »Hammerhead«, »Iron Tears« oder »Der Fuhrer« (ein Anti-Nazi-Song) gehören bis heute zum Standard-Set der Combo. Zufälligerweise enthält *Doomsday of the Deceiver* auch einen Song mit dem Titel »Fade to Black«, der aber nichts mit der Metallica-Nummer zu tun hat. Zwei Tage nach seinem Vorspielen, bei dem er unter anderem Les Claypool (Primus), Dave Ellefson (Megadeth; das hätte mit Mustaine aber so richtig Ärger gegeben) oder Greg Christian (Testament) aus dem Rennen geworfen hat, eröffnet ihm die Band, dass er mit an Bord ist.

Die meisten Anhänger haben genau das richtige Gefühl und finden die Neubesetzung überhastet, zumal sich James, Lars und Kirk noch gar nicht von ihrem Schock erholt haben können. Die wollen aber, und auch das ist nachvollziehbar, so schnell wie möglich wieder zur Normalität zurückkehren und den Unfall in Schweden am liebsten vergessen. Bereits am 8. November 1986 stehen die Musiker im Reseda Country Club in Los Angeles wieder auf der Bühne. Als dritter Song in der Setlist steht »For Whom the Bell Tolls« (dt. ›Wem die Stunde schlägt‹) von *Ride the Lightning*, und noch heute möchte man sich die Atmosphäre vor und auf der Bühne lieber nicht vorstellen. Tags darauf folgt ein weiterer Auftritt in Kalifornien, bevor die Band eine Woche später nach Asien fliegt, um erstmals eine fünftägige Japan-Tour zu spielen. Fast im direkten Anschluss daran begeben sich Metallica auf einen Trip durch Kanada und den Norden der USA. Dieser Teil der Damage Inc.-Tour endet am 20. Dezember in Seattle.

Der Autor (und die meisten Fans in Europa) bekommen von diesen Reisen nur mit, dass es Metallica wieder gut geht und sie live eine prächtige Figur abgeben. Der junge Newsted schmeißt sich mit viel Euphorie in seinen neuen Job, es ist die Chance seines Lebens. Er darf sogar einige Gesangspassagen im Hintergrund übernehmen, und sein Stil beim Headbangen erinnert an eine Windmühle bei Sturm. Was zu diesem Zeitpunkt noch niemand ahnt: Je intensiver er versucht, die Erwartungen zu erfüllen, desto mehr wachsen die Wut und der Hass in Platzhirsch Hetfield. Er scheint emotional am stärksten vom Tod Cliffs getroffen zu sein und projiziert anscheinend seinen Schmerz auf den Neuen. Den nennt er abseits der Mikrofone Kleiner, demütigt und triezt ihn, wo er nur kann. Hetfield ist bewusst, dass er Metallica am Leben halten muss, um selbst im Leben klarzukommen. Und dafür braucht er Newsted. Deshalb sind die Attacken auch nur sparsam und wohldosiert, aber entschieden dauerhaft und nachhaltig.

Das Publikum bekommt erstmals etwas von den Problemen mit, als im September 1988 *… And Justice for All* mit dem Burton-Tribut »To Live Is to Die« erscheint: Wie bei jedem Album haben sich Metallica wieder etwas gewandelt, auf dem neuen Werk wollen sie sich und uns ihre technischen Fähigkeiten präsentieren. Minutenlange Riff-Massaker, ein klinischer, sehr eigener Sound und … kein Bass. Ich erinnere mich noch gut daran, wie ich an meiner Billiganlage herumgefummelt habe, um wenigstens ein paar tiefe Töne in den Sound der LP zu bekommen. Keine Chance. Des Rätsels Lösung: Während des Mixes wurde der Bass auf Geheiß von Hetfield und/oder Ulrich (so die Legende) nahezu auf null gedreht. Deutlicher kann man einem Mitmusiker nicht zeigen, was man von ihm hält. Newsted macht gute Miene zum hinterhältigen Spiel und füllt seine Rolle weiterhin perfekt aus, wenn man ihn denn lässt. Und das Drama nimmt seinen Lauf, was zu grotesken Szenen führen wird. Burtons Andenken schadet das alles nicht, im Gegenteil. Es zeigt, wie wichtig dieser Mann war. Und wenn James Hetfield heute »To Live Is to Die« oder »Fade to Black« anstimmt und mitten im Song nach oben blickt und »Cliff, can you hear us?« brüllt, dann bekommen auch die härtesten Fans meterdicke Gänsehaut.

The Struggle Within: Der Ruhm und die Folgen

Am 29. Juli 1991 erscheint als Vorbote des neuen, unbetitelten Albums (wahlweise auch *Metallica* oder *The Black Album* genannt) die erste Single »Enter Sandman«. Die Nummer mit dem signifikanten Riff, das von nun an jeder Gitarrenschüler auf dieser Welt einstudieren muss, landet umgehend in der Heavy Rotation von MTV. In diversen Ländern reicht es für ansehnliche Charterfolge und Edelmetallauszeichnungen: in Großbritannien auf Platz fünf, in den USA auf 16, in Norwegen und Kanada auf dem zweiten Platz und in Finnland auf eins. In Deutschland reicht es für Platz neun (auch wenn das deutsche Wikipedia etwas anderes behauptet), denn die Spitzenposition ist in diesen Wochen von den Scorpions und ihrem Mauerbröckler »Wind of Change« besetzt. Manchmal muss man sich eben den Besten geschlagen geben.

Anno 1991 ist der Verfasser dieser Zeilen 15 Jahre alt und dementsprechend auf MTV fixiert. Zudem sprechen wir hier von der Vor-Internet-Ära: Neue Singles oder Alben geistern also nicht schon Wochen und Monate vorher durch irgendwelche dubiosen Netze. Ein Album ist dann erschienen, wenn es bei Paulis Plattenkiste im Regal steht. Punkt.

Die erfolglosesten Singles

Metallica haben in ihrer Karriere bisher offiziell 43 Singles veröffentlicht. Davon wurden diverse Songs mit Gold und Platin ausgezeichnet, es gibt aber auch fünf Auskoppelungen, die es in keinem Land in die Top 100 der Charts geschafft haben. Wer sind die Ausreißer?

»Whiplash« (1983)

Metallicas erste Single erschien zu einem Zeitpunkt, als der Name bei den allermeisten Menschen nur ein Schulterzucken hervorrief. Das Stück entwickelte sich erst im Laufe der Jahre zu einem Fanliebling, der bis heute fast 1000-mal live gespielt und von diversen Bands gecovert wurde. Motörhead erhielten für ihre Version sogar einen Grammy.

»Creeping Death« (1984)

Heute unfassbar, dass diese Perle Mitte der 1980er keine Chartweihen erhielt. Aber es waren andere Zeiten. Der Song stammt zu großen Teilen aus der Feder von Kirk Hammett, Passagen wurden in einem Exodus-Song verwendet, der aber nur live gespielt wurde. Das Cover der Single stammt von dem immer noch aktiven Airbrush-Künstler Alvin Petty, der unter anderem die Logos von Exodus, Heathen oder Sadus entwarf.

»Eye of the Beholder« (1988)

Wer auch immer auf die Schnapsidee kam, dieses Riffmonster als Single auszukoppeln: Er oder sie lag falsch. Selbst einigen Metallica-Fans ist diese anspruchsvolle Nummer ein bisschen zu viel des Guten. Bezeichnend, dass Metallica den Song seit 1989 nicht mehr komplett live gespielt haben, sondern, wenn überhaupt, in einem Medley verstecken. Lars Ulrich mag den Song aufgrund seiner Tempowechsel auch nicht besonders und hält ihn für gekünstelt.

»The View« (2011)

Ach ja, das Lou-Reed-»Lulu«-Desaster. »The View« ist die einzige Singleauskoppelung des Albums, was eine weise Entscheidung war, denn auch für diesen Song hat sich niemand so wirklich interessiert. Der Videoclip, in Schwarzweiß im Proberaum gedreht, liefert auch keinen Grund dafür, sich den Song noch einmal anzutun.

»Lords of Summer« (2014)

Die Zeiten der wirklich hohen Chartnotierungen sind für Metallica schon eine ganze Weile vorbei, die letzten Singles schafften es in den USA samt und sonders nur in die Unterkategorie ›US Mainstream Rock‹. Dieser sehr durchschnittlichen Hymne auf Open Airs blieb sogar das versagt, sie erschien auch nur auf der De-luxe-Version von *Hardwired … to Self-Destruct*. Da helfen nicht mal mehr die (textlichen) Verweise auf die Klassiker »The Four Horsemen« und »No Remorse«.

Umso wichtiger ist das Musikfernsehen, das auch Songs spielt, die im Radio nie oder nur mitten in der Nacht zum Zuge kommen. »Enter Sandman« ist so ein Beispiel dafür, denn der Song ist fraglos verdammt heavy. Aber sind das noch Metallica? Die (damals noch verpickelte) Stirn liegt in Falten, der Kopf mit der viel zu langsam wachsenden Matte wiegt hin und her. Keine Frage, die Band hat eine weitere Metamorphose durchgemacht und sich vom Thrash Metal der Achtziger verabschiedet. Nun, das zwei Wochen später erscheinende Album wird diese These bestätigen, tummeln sich unsere fabulösen vier in technisch übersichtlich anspruchsvollen Midtempo-Gefilden. Schwere Riffs prägen die ganz besondere Atmosphäre, die auf *Metallica* vorherrscht und sich signifikant vom Vorgänger *... And Justice for All* abhebt. Mit der Veröffentlichung von »Enter Sandman« ist noch nicht abzusehen, dass dieses Album die Band in niemals gekannte kommerzielle Sphären katapultieren wird. Erst mit weiteren Single-Auskoppelungen, allen voran die beiden balladesken »The Unforgiven« und natürlich die Ballade und Schmuse-Tanz-Nummer »Nothing Else Matters«, brechen Metallica alle Rekorde. Plötzlich können Menschen, die das Wort Metal nicht mal buchstabieren können, etwas mit dem Bandnamen anfangen. Der größte Schock für mich persönlich ist der Tag, an dem meine Mutter beim Bügeln besagtes »Nothing Else Matters« vor sich hin pfeift. Hätte ich in diesem Moment geahnt, was sich diese Band in den nächsten Jahren noch ›erlauben‹ sollte, ich hätte es wahrscheinlich als nicht ganz so traumatisch empfunden.

Metallica begeben sich nach Erscheinen der Platte auf eine der längsten Touren der Metal-Geschichte. Unter verschiedenen Titeln wie ›Wherever We May Roam‹, ›Nowhere Else to Roam‹ oder ›Shit Hits the Sheds‹ umrunden die US-Boys von 1991 bis 1995 den Erdball und spielen diverse, heute legendäre Shows, darunter die Tribute-Show in Wembley zu Ehren des verstorbenen Queen-Sängers Freddie Mercury, wo Hetfield auch den Queen-Klassiker »Stone Cold Crazy« (die Single-B-Seite von »Enter Sandman«) zum Besten gibt.

Der Verfasser sitzt – so war es nun mal – mit seiner Mutter auf der Couch und schaut sich das Konzert an. Ich störe mich daran, dass Metallica nur Songs vom schwarzen Album spielen, sie freut sich über »Nothing Else Matters«. Heavy Metal hat seinen Schrecken in diesen Tagen definitiv verloren, was nicht wenige Fans auch und gerade Metallica anhängen und ihnen nie verzeihen werden.

Aber doch nicht ganz, denn ein gemeinsamer Gig mit Guns N' Roses im kanadischen Montreal endet im Chaos, als Hetfield in einen fast vier Meter hohen Pyroeffekt spaziert und sich Verbrennungen dritten Grades zuzieht. Bassist Jason Newsted kommentiert, die Haut auf den Armen des Sängers hätte Blasen geschlagen wie im Film *The Toxic Avenger*. Metallica müssen das Konzert abbrechen, Guns N' Roses so schnell wie möglich auf die Bühne. Da den Technikern nicht genug Zeit bleibt, die Anlage umzustellen, hören sich die Gunners auf der Bühne nicht und spielen einen furchtbaren Gig (ob daran vielleicht noch andere Umstände schuld waren, sei dahingestellt). Also verkündet Axl Rose, dass er Probleme mit seinem Hals habe, worauf die Band die Bühne ebenfalls früher als geplant verlässt. Zwei halbe Gigs sind für das anwesende Publikum zu viel, es rastet aus und zieht randalierend durch Montreal. Autos werden zu Klump gehauen, Scheiben eingeschlagen und Feuer gelegt. Die lokalen Autoritäten bekommen die Ausschreitungen nach Stunden in den Griff, die ›Montreal Riots‹ gehen in die Geschichte ein und schaffen es weltweit in die Nachrichten. Ausschnitte dieser und anderer Eskapaden landen später in der Dokumentation *A Year and a Half in the Life of Metallica* (1992) und im Boxset *Live Shit: Binge & Purge* (1993), dem ersten offiziellen Live-Album der Band (damals enthielt die Box noch Audiokassetten und VHS-Tapes, mittlerweile gibt es Neuauflagen mit CD und DVD).

Manche Einstellungen bleiben für immer in Erinnerung. Es ist eine Szene wie aus einem futuristischen Western: James Hetfield, Sänger, Gitarrist und Leitwolf der Band Metallica, steigt im Laufe der nicht enden wollenden Tour zum *Black*-Album aus einem Flieger. Auf welchem Kontinent oder gar in welchem Land er sich befindet, ist ihm wahrscheinlich schon lange nicht mehr bewusst. Er kommt in Lederjacke und Cowboystiefeln auf die Gangway, die Haare fliegen im Wind. Es fehlen nur Töne von Filmmusik-Komponisten Ennio Morricone, um das Bild abzurunden. Der blonde Hüne reißt eine Dose Bier auf, die eingeblendete Uhr unten rechts im Bild zeigt die frühen Morgenstunden an. »Es ist ein weiterer, verdammter Heavy-Metal-Tag«, grummelt Hetfield, setzt die Kanne an und gönnt sich einen ordentlichen Schluck. Dann verschwindet er aus dem Bild. Genau so sehen nicht wenige Fans den Frontmann der Band: irgendwo zwischen großem Bruder und einem verdammt coolen Typen aus einer höheren Klasse, der auf dem Schulhof mit all den heißen Mädels quatscht, die einen selbst nicht mal angucken.

Dass aber Hetfield bereits zu diesem Zeitpunkt große persönliche Probleme hat, weiß niemand. Vielleicht hätte man es erahnen können, wenn man sich die Texte mal etwas genauer angeschaut hätte. Im Nachhinein wirkt da manches wie ein Hilfeschrei. Allerdings ist Hetfield bis heute ein Meister im Verklausulieren, seine Ergüsse sind auch mit dem besten Übersetzungsprogramm nicht einfach zu verstehen. Auf *Kill 'Em All* herrscht noch die jugendliche Naivität vor, hier wird der Heavy Metal abgefeiert (»Whiplash«, »Metal Militia«) oder die Gnadenlosigkeit im Kampf besungen (»No Remorse«). Allerdings finden dank Hetfields Erziehung auch hier schon religiöse Motive ihren Platz wie in »Phantom Lord«, »Jump in the Fire« oder »The Four Horsemen« (die letzten beiden Stücke stammen vor allem vom vor den Aufnahmen gefeuerten Dave Mustaine, bei dem die Texte noch von sexuellen Abenteuern unter anderem an einer Tankstelle handelten).

Auf dem Nachfolger *Ride the Lightning* beschäftigt sich Hetfield mit einigen gesellschaftsrelevanten Themen. So wird der Text des Titelsongs aus der Sichtweise eines zum Tode verurteilten Häftlings gesungen, der auf dem elektrischen Stuhl landen soll. »For Whom the Bell Tolls« bezieht sich auf die gleichnamige Novelle von Ernest Hemingway aus dem Jahr 1940 und setzt sich mit dem Wahnsinn des Krieges auseinander. In »Fight Fire with Fire« und »Creeping Death«, zwei absoluten Höhepunkten, begegnen uns wieder biblische Themen, während »Fade to Black« erstmals sehr persönliche Anklänge hat. Es geht um Selbstmord, Hetfield beschreibt darin seine eigene, hoffnungslose Situation Anfang 1984, als die Band zwar erste Erfolge verzeichnen kann, nach einem Diebstahl ihres kompletten Equipments aber vor dem Nichts steht und praktisch keinen Cent mehr besitzt. Die erste Metallica-Ballade verursacht auch heute noch Gänsehaut, die pechschwarzen Lyrics sind bei akuter Depression definitiv nicht zu empfehlen. Es bleibt aber auch Platz für harmlosen Grusel, so beschreibt »Trapped Under Ice« das Gefühl, bewegungslos und bei vollem Bewusstsein irgendwo (und von irgendwem) festgehalten zu werden und keinen Ausweg zu sehen. Noch ist den Worten Hetfields relativ einfach zu folgen, was sich auf dem Nachfolger *Master of Puppets* langsam zu ändern beginnt.

Das Überalbum aus dem Jahre 1986 folgt auf den ersten Blick dem bewährten Muster. Doch bereits der Opener »Battery« ist lyrisch nicht mehr so eindeutig. Scheinbar geht es wieder um das Thema Krieg oder zumindest um Aggressionen, aber sie werden nicht bewertet. Spricht sich Hetfield gegen Gewalt aus, ist er der Angreifer oder gar die Wut selbst? Experten diskutieren bis heute: Das Titelstück soll von der Macht über hilflose Personen handeln und wird im Allgemeinen in einem Drogenkontext verstanden, kann aber auch anders interpretiert werden. Sexuelle und/oder politische Motive sind denkbar. Vorrangig scheint es um einen Dealer zu gehen, der die Menschen in seinem Umfeld in die Abhängigkeit treibt, um sie schließlich wie Marionetten steuern zu können.

Mit »The Thing That Should Not Be« schafft es die Begeisterung der Bandmitglieder für den US-Schriftsteller H.P. Lovecraft erstmals auch in einen Text, dieser handelt von dem Klassiker *The Shadow over Innsmouth* (dt. *Der Schatten über Innsmouth*), während die Halbballade »Welcome Home (Sanitarium)« von einem Insassen einer Nervenheilanstalt handelt und von dem Film *One flew over the Cuckoo's nest* (dt. *Einer flog über das Kuckucksnest*) inspiriert wurde, der seinerzeit Jack Nicholson zu Weltruhm verhalf.

Bereits an dieser Stelle wird klar, dass sich die Texte von Hetfield auf diesem Album in erster Linie mit Menschen beschäftigen, die verschuldet oder unverschuldet in Abhängigkeit geraten sind. Das gilt auch für »Leper Messiah«, endlich ein religiöses Thema. Hetfield greift hier die Fernsehprediger an, die in den 1980er Jahren besonders in den USA populär waren. Auch sie versuchten, Menschen abhängig zu machen, in erster Linie über die finanzielle Schiene. »Disposable Heros« haut in eine ähnliche Kerbe: Hier geht es um junge Männer, die in irgendeinen sinnlosen Krieg geschickt werden und nicht einmal wissen, warum und für wen sie ihr Leben geben sollen. Meine

Wenigkeit ließ diesen Song in brachialer Lautstärke und in Endlosschleife durch sein Zimmer ballern, während er auf einer alten Reiseschreibmaschine seine Wehrdienstverweigerung schrieb (damals, als es noch die Wehrpflicht gab). Hier Zeilen aus dem Quasi-Refrain:

> Back to the front! You will do what I say, when I say
> Back to the front! You will die when I say, you must die
> Back to the front! You coward, you servant, you blindman

Danke, James.

... *And Justice for All*, der Titel lässt es bereits vermuten, ist Metallicas bis dato politischstes Album. Hetfield war in seinen Texten (und auch sonst) noch nie ein reiner Sonnenschein, doch hat dieses Werk einen ausgesprochen negativen Touch. Umwelt, Meinungsfreiheit, die öffentlichen Institutionen von Polizei bis Justiz: alles im Eimer. Ulrich erklärte später in verschiedenen Interviews, dass er sich mit James vor den Fernseher gesetzt und die Nachrichtensender nach Themen für das Album durchforstet habe. Das klingt plausibel, denn so deutlich bezogen Metallica in ihren Texten danach selten Stellung, wenn es um Politik geht.

»One« ist der Song, der aus dem technisch und in Sachen Sound sehr ungewöhnlich ausgefallenen Album heraussticht. Und das nicht nur, weil es der erste Metallica-Song ist, der in die US-Charts einsteigt (Platz 35) oder weil es der erste offizielle Videoclip ist, den Metallica drehen (nachdem Lars Ulrich wie gesagt noch wenige Jahre zuvor geschworen hatte, dass seine Band niemals einen Clip zu einem Song machen werde). Der Text dieser Antikriegs-Hymne ist ergreifend und in Verbindung mit den Bildern fast unerträglich. Es geht um einen

Soldaten, der im Ersten Weltkrieg schwer verwundet wird. Durch eine Landmine werden ihm alle Körperglieder abgerissen, er kann nicht mehr sehen und auch nicht sprechen. Per Morsecode versucht er dem Krankenhauspersonal mitzuteilen, dass sie ihn sterben lassen sollen.

Harter Tobak, der dank des Erfolges einen zweiten Text vom gleichen Album in den Hintergrund treten lässt, der nicht minder extrem ist. Wenn auch auf eine ganz andere Weise. Den Rausschmeißer »Dyer's Eve« nutzt Hetfield für eine gnadenlose Abrechnung mit seinen Eltern Cynthia und Virgil und ihrer von der Christlichen Wissenschaft nach Mary Baker Eddy beeinflussten Erziehung. Diese Lehre besitzt weltweit kaum 100 000 Anhänger. Die christliche Splittergruppe glaubt unter anderem, dass sich Krankheiten nur durch Gebete heilen lassen. Hetfields Mutter ließ sich selbst dann nicht von Ärzten helfen, als sie an Krebs erkrankte und qualvoll starb. James, damals 16 Jahre alt, lässt seinen Gefühlen in dem Song freien Lauf und prangert die Engstirnigkeit seiner Eltern an, die jegliche Kreativität in ihm zu verhindern versuchten. Er fühlt sich auch 1988, also mit 25 Jahren, immer noch in der Welt gefangen, die sie (und ihr Glaube) um ihn errichtet haben. Er trage Narben, die niemals verheilen werden. In der vorletzten Zeile heißt es, dass er auf ewig Verachtung für seine Eltern empfinden werde. Viel deutlicher geht es nicht mehr. Dieses Gefühl, gefangen zu sein, sollte in vielen seiner späteren Texte auftauchen, dann aber verklausuliert und nie wieder so deutlich wie hier.

Die Wut und Verzweiflung, die James Hetfield mit sich herumschleppt, wird auch auf dem schwarzen Album deutlich. Anders als sein Kompagnon Ulrich, der von der Sonnenseite des Lebens zu kommen scheint, vergräbt sich Hetfield tiefer in seine schwermütigen Gedanken.

Doch lässt sich ein spürbarer Schnitt zwischen den Texten beobachten, die introspektiver und damit auch schwerer verständlich sind. Man könnte meinen, dies hänge mit der neuen musikalischen Ausrichtung zusammen, aber der Sänger selbst widerspricht dem in diversen Interviews. Vielmehr war Zielvorgabe, Texte zu schreiben, mit denen sich alle vier Bandmitglieder identifizieren können. Da es sich aber um völlig verschiedene Individuen handele, sei dies schlicht unmöglich. Hetfield sieht nur die Möglichkeit, seinen Blick nach innen zu richten und über seine eigenen Gefühle zu schreiben. Außerdem beschäftigt er sich in dieser Zeit viel mit großen Textern wie Bob Dylan, John Lennon oder Neil Young. James ist fasziniert davon, dass sie verschiedene Ebenen in ihre Texte einbauen, manchmal scheinbar simple Wörter benutzen und doch so viel mehr mit ihnen sagen. Er ist wahrscheinlich auch bei seinem Ehrgeiz gepackt und möchte einen weiteren Schritt machen. Dass er Gitarre spielen kann, ist spätestens seit *... And Justice for All* klar. Jetzt kommen die Texte dran.

Dabei bleiben die Themen erstaunlich gleich: »The God That Failed« behandelt wieder seine Mutter und ihre Weigerung, sich von der Medizin helfen zu lassen. Nur liest sich dieser Text völlig anders als zum Beispiel »Dyer's Eve«.

Das bereits erwähnte »Enter Sandman« handelt von Alpträumen, und es gehört nicht viel Fantasie dazu, dass James hier verschlüsselt seine eigenen Ängste besingt.

Dass mit »Nothing Else Matters« ein waschechtes Liebeslied auf dem Album landet, hat den blonden Sänger, so sagt er später nicht nur einmal vor der Kamera, viel Überwindung gekostet. Er, der coole und furchtlose Anführer, zeigt plötzlich Gefühle und macht sich damit angreifbar. Aus heutiger Sicht wirkt das vielleicht ein wenig komisch, vor 30 Jahren und in den konservativen Kreisen, aus denen Hetfield stammt, ist das aber durchaus eine ernste Geschichte.

Deutlich schwieriger wird es bei der Interpretation von »Sad But True«, einer weiteren Single des schwarzen Albums. Das doomige Riff lässt die pessimistisch klingenden Sätze noch niederschmetternder klingen, eine zusammenhängende Bedeutung ist aber schwer zu erfassen. Laut dem Verfasser des Songtexts gibt es auch gar keine versteckte Message, es gehe nur darum, sich selbst zu finden. Und das gelingt aus seiner Sicht am besten in traurigen Momenten.

Apropos, auch »The Unforgiven« klingt alles andere als positiv, und auch hier lässt sich der Inhalt in verschiedene Richtungen interpretieren. Die wiederkehrende Zeile »Never Me, Never Free« lässt aber die Vermutung zu, dass Hetfield einmal mehr über die Erfahrungen in seiner Jugend singt, auch wenn er den Inhalt selbst in verschiedenen Interviews als allgemeiner bezeichnet. Es gehe grundsätzlich um Menschen, die sich ihr Leben lang alles vorschreiben lassen und nie sie selbst sind. Dazu passend der Videoclip, in dem ein Junge in einer Höhle langsam zum alten Mann wird, ohne je ausbrechen zu können.

So beichtet uns Lars Ulrich viele Jahre später über den *Metal Hammer*, dass er bis etwa 2004 ein großer Fan von Kokain war. Mit dem weißen Pulver in der Nase konnte er, so seine eigenen Angaben, länger mit seinen Bandkollegen saufen. Er wäre sonst immer der Erste gewesen, der umgefallen sei. Das Zeug habe ihm einfach den sozialen Kontakt erleichtert. Auch habe er nie vor dem Frühstück zum Whiskey gegriffen, frühestens danach. Immerhin. Schuld an seiner Abstinenz sind übrigens nicht seine Kinder, seine Frau, seine Sorge um seine Gesundheit oder sonstige profane Anlässe, sondern Noel Gallagher von Oasis. Der hatte in einem Interview mitgeteilt, er hätte

Das Grauen

»The Unforgiven« wurde ›zur Freude‹ vieler Metallica-Fans von der Schweizer Popsängerin Stefanie Heinzmann gecovert. Lars Ulrich merkte an, dass ihm die Version gefalle. Aber wir wissen mittlerweile ja, dass Ulrich viel sagt, wenn der Tag lang ist. Heinzmann gelang mit ihrer Version allerdings eine deutlich höhere Chartplatzierung in Deutschland (Platz zehn) als Metallica selbst (Platz 47). Und dass es nicht immer clever ist, sich unklug in der Öffentlichkeit zu äußern, musste Hetfield am eigenen Leib erfahren. James gab in diversen Interviews seine Zustimmung dazu, dass irakische Gefangene im Golfkrieg mit Metallicas Musik gefoltert werden: Sie hätten schließlich auch für ihre Musik gelitten. Die britischen Punk-Rocker von Chumbawamba veröffentlichten daraufhin auf ihrem Album *ABCDEFG* (2010) den Song »Torturing James Hetfield«, der schildert, wie der Metallica-Frontmann nackt aufgehängt und mit der Musik der Briten beschallt wird.

einfach mit dem Koksen aufgehört und fühle sich super. Das fand Lars spannend und tat es ihm gleich. Ein echter Ulrich eben.

Das Magazin *Newsweek* behauptete in einem Artikel aus dem Jahr 2020, dass Metallicas Erfolg nicht nur auf die Musik, sondern auch auf die Texte zurückzuführen sei. Hetfield habe ein untrügliches Gespür dafür, wie er einzelne Wörter platziere und damit die Wucht der Riffs unterstreiche. Seine Texte seien gerade in der Anfangszeit »typisch Heavy Metal« gewesen, beschäftigten sich aber schon damals häufig mit Verlust und Ohnmacht, gepaart mit einer ordentlichen Portion Zynismus. Als Vehikel für seine Umschreibungen nutze James gerne das Bild des Soldaten, der nicht weiß, warum und für wen er sein Leben riskiert. Und natürlich spielt auch der Tod seiner Mutter eine große Rolle in seinem Werk. Autor Andrew Whalen stellt fest, dass Hetfield immer mal wieder versucht, aus der düsteren Ecke hervorzukommen und über andere Dinge zu schreiben. Als Beispiel wird »Wherever I May Roam« vom schwarzen Album angeführt, in dem es um das Leben als professioneller Musiker geht, der um die Welt reist. Doch am Ende, so Whalen, zieht es ihn doch immer wieder in Tiefen der menschlichen Seele hinab. Besser lässt sich Hetfields Schreibe wohl nicht beschreiben.

The Thing That Should Not Be: Entgleisungen und andere Unerfreulichkeiten

Bei Live-Konzerten spielen Texte allein schon aus akustischen Gründen eine eher untergeordnete Rolle. Deshalb werden sie auch nicht groß diskutiert, als sich der Verfasser dieser Zeilen am 19. Mai 1993 mit einem Haufen Freunde auf den Weg ins Niedersachsenstadion nach Hannover macht, um erstmals Metallica live zu erleben. Die vorangegangenen Touren kamen (aus Sicht der Erziehungsberechtigten) einfach zu früh, aber nun soll es endlich so weit sein. Das Wetter ist top, kaum ein Wölkchen zeigt sich am Himmel, als wir das gut gefüllte Gelände betreten. Auf der Nowhere Else To Roam Tour hatten Metallica bereits den Snakepit eingeführt, eine Aussparung in der Bühne, um die die Musiker herumlaufen konnten. Hier standen Fanclub-Mitglieder, gelangweilte Kinder von Sponsoren und Gewinner von Preisausschreiben. Wenige Jahre später sollten diverse Bands diese Idee aufgreifen, verkauften die Plätze aber für das Vielfache des normalen Ticketpreises. Wir kämpfen uns ganz nach vorne, bis an den Rand des Pits und entdecken ein bekanntes Gesicht. Das kommt zu uns nach draußen, wo die Unwürdigen stehen, und hat großartige Nachrichten. Wer im Inneren des Snakepits sein spezielles Armband

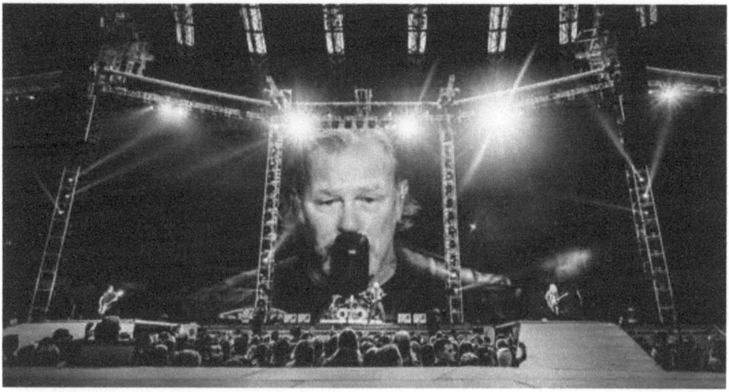

verliert, das zum Eintritt berechtigt, bekommt sofort ein neues. Also ›verliert‹ unsere Bekanntschaft ihres, bringt es nach draußen, wo es sich der nächste anlegt, in den Pit spaziert, sein Armband verliert … Irgendwann waren wir tatsächlich alle drin und durften unseren Helden auf Wurfdistanz zujubeln.

Zuerst gab es allerdings noch zwei Vorbands. Bei der ersten, Suicidal Tendencies, stimmten Musik und Attitüde, besserer Skate-Metal wurde nie geschrieben. Die zweite Band allerdings hörte auf den Namen The Cult. Die waren nicht nur deutlich ›softer‹ unterwegs als der Hauptact, sondern standen damals zudem im Ruf, ziemlich arrogant zu sein. Und so präsentieren sich die Herren dann auch, was dem Metallica-Publikum, das eh nicht im Verdacht steht, übermäßig tolerant zu sein, nicht sonderlich gefällt. Es fliegen Bierbecher, Feuerzeuge, Kleingeld, Schuhe und allerlei anderer Kram auf die Bühne, bis sich Ian Astbury, Billy Duffy und Co. mit erhobenen Mittelfingern verziehen. Später ist zu lesen, dass auch Metallica nicht mit ihren britischen Kollegen klarkamen und unterwegs ziemlich die Fetzen geflogen sein müssen.

Alles egal, denn mit Erklingen des Intros (»The Ecstasy of Gold« von Ennio Morricone) zählt nur noch eins: Metallica. Die eröffnen mit einem alten Bekannten, »Creeping Death« sorgt gleich für Betriebstemperatur, »Harvester of Sorrow« wird nachgelegt. Das Set umfasst eine gute Mischung aus neuen Songs und Klassikern, die bei Licht betrachtet damals gerade mal zehn Jahre auf dem Buckel hatten, heute 40 Jahre alt sind. Verrückt. Im lauen Frühsommer von Hannover tobt das ausverkaufte Stadion zu »The Four Horsemen«, »Of Wolf and Men« oder »The Thing That Should Not Be«. »Seek & Destroy« wird, wie in dieser Bandphase üblich, endlos ausgewalzt, und im Gegenzug spielen Metallica nur eine gekürzte Version von »Master of Puppets«, eigentlich ein Sakrileg. Als Wiedergutmachung nehmen die vier erstmals seit 1986 wieder »Disposable Heros« ins Programm auf, was sehr wohlwollend aufgenommen wird. Der Verfasser dieser Zeilen schüttelt gerade sein Haupthaar, als ein Nebenmann durch die Wände aus Riffs brüllt. Er ist mit seiner Freundin da, beide sehen aus, als würden sie lieber bei Grönemeyer oder Westernhagen sein. »Ey, spielen die heute auch ›Nothing Else Matters‹?« Ja, tun sie. Im ersten Zugabenblock mit »Sad but True«, dem Misfits-Cover »Last Caress« und »One«, das von einer unglaublichen Pyro-Show begleitet wird. Ein zweiter Block mit »Enter Sandman« und dem Anti-Nowhere-League-Cover »So What« macht dann das Ganze komplett und entlässt an die 60 000 Fans mit einem Lächeln in die niedersächsische Nacht.

Das Konzert wirkt nach, wochenlang reden alle nur noch über Metallica. Fehlende Alben werden nachgekauft, Artikel in Magazinen verschlungen und jeder Song immer und immer wieder gehört. Selbst der Schock über den Sound und die Ausrichtung des schwarzen Albums ist komplett verschwunden.

Wir waren da, wir haben es gesehen. Es sind immer noch unsere Metallica, und niemand wird sie uns jemals nehmen. Das dachten wir wirklich, aber die vier sollten uns in den kommenden Jahren nicht nur einmal überraschen. Allerdings nicht immer positiv.

Für heutige Verhältnisse lassen sich Metallica nicht viel Zeit. Nach den letzten Konzerten für das schwarze Album geht es direkt ins Studio im Keller von Ulrichs Haus, »The Dungeon« (›der Kerker‹ bzw. ›das Verlies‹), wo sich die Truppe über ein Jahr verbarrikadiert. Bis heute wird gerätselt, was in dieser Zeit passiert sein könnte. Manche vertreten die Meinung, die originalen Mitglieder wären von Aliens entführt und durch Taxifahrer aus Puerto Rico ersetzt worden. Andere vermuten sehr schlechte Drogen oder eine kollektive Lebensmittelvergiftung mit seltsamen Symptomen. Als die ersten Promofotos auftauchen, es muss Ende 1995 oder Anfang 1996 sein, fällt dem Fan jedenfalls vor Schreck die Bierdose aus der Hand. Metallica haben sich die Haare abgesäbelt, tragen jetzt Hawaiihemden, lackierte Fingernägel und Make-up (das in erster Linie Ulrich und Hammett) oder zeigen sich wahlweise im Nadelstreifenanzug mit dicken Zigarren in der Hand. Lars Ulrich erklärt feierlich, dass der Heavy Metal tot sei und dem Alternative Rock ohne Scheuklappen die Zukunft gehöre. Was sich wie ein Aprilscherz anhört, meint die Band ernst. Das wird spätestens klar, als *Load* im Juni 1996 erscheint und nicht eine Sekunde Thrash Metal zu bieten hat. Eigentlich nicht mal Metal. Die Band experimentiert mit Country-, Blues- und Alternative-Einflüssen und hat auch keine Probleme mit Grunge-Anklängen.

Dabei kommt ein dezent obskur klingender Rock heraus, der durchaus den Geist der Zeit trifft. Fünf Platinauszeichnungen in den USA und fünfmal Gold in Deutschland sprechen eine deutliche Sprache. Die alteingesessenen Fans wissen jedoch nicht, ob sie lachen oder weinen sollen. Einige entscheiden sich für Wut, die Leserbrief-Rubriken der einschlägigen Magazine quellen über vor Mitteilungen, dass Felix B. aus H. oder Melanie D. aus P. ihre Metallica-Alben aus dem Fenster geschmissen hätten. Da das Internet noch nicht verbreitet ist, quellen die Briefkästen über. Andere geben dem Album mit dem seltsamen Cover (ein Künstler hat Rinderblut und sein Sperma zwischen zwei Glasscheiben platziert und fotografiert) eine Chance und versuchen sich zumindest die Singles schönzuhören. Das wird, mit Ausnahme der schweren Halbballade »Until It Sleeps«, die auch auf dem schwarzen Album hätte stehen können, ein schwieriges Unterfangen.

Natürlich ist diese musikalische Neuorientierung auch dem Zeitgeist geschuldet. Metallica sind mit ihren Ideen nicht alleine. Slayer experimentieren mit modernen Riffs, Testament und Forbidden klingen für eine kurze Zeit ebenfalls dezent nach Grunge. Und Megadeth orientieren sich eh meist an Metallica. Werden die progressiver (*... And Justice for All*), klingt auch das nächste Album von Dave und seinen Mannen verfrickelter (*Rust in Peace*).

Metallica werden also ›moderner‹ und offener? Megadeth veröffentlichen *Risk*, das in eine ähnliche Richtung geht. Von den großen US-Thrashern scheinen einzig Exodus einigermaßen immun gegen den Einfluss angesagter Sounds zu sein (doch könnte dies auch in erster Linie daran liegen, dass die Band zwischen 1992 und 2004 gar kein Album veröffentlicht hat).

Zurück zu Metallica. Auch der Nachfolger *Reload*, der im folgenden Jahr erscheint, ändert daran nichts. Tatsächlich hatte die Band zu *Load* so viele Songs geschrieben, dass es locker für ein Doppelalbum gereicht hätte. Also verwenden Metallica die

Schwierige Jahre

Speziell zwischen 1992 und 1997 kämpfen die traditionellen Metal-Genres wie Death, Thrash oder Doom Metal und der einfache Heavy Metal tatsächlich ums Überleben. Die Grunge-Welle flacht zwar schnell wieder ab, doch ist der sogenannte Nu Metal auf dem Vormarsch. Mit Einflüssen aus Hip-Hop und kalten Industrial-Sounds erobern Limp Bizkit, Coal Chamber, Korn und Co. die Charts, während Bands aus den 1980ern, die zuvor vor mehreren tausend Fans aufgetreten sind, plötzlich vor 50 Nasen stehen. Diese Phase dauert nicht übermäßig lange an, denn kurz vor der Jahrtausendwende dreht sich das Blatt langsam wieder. Aber es sind keine guten Jahre für lange Haare und Kutten.

Songs, die bereits ohne Probleme funktionieren, für *Load* und werkeln noch ein bisschen an dem restlichen Material. Musikalisch gibt es logischerweise keine großen Unterschiede, auch das zweite Album schlägt in die gleiche Kerbe wie sein Vorgänger und führt die Charts an. Allein in den USA gibt es bis heute dreimal Platin, die bekanntesten Songs sind der Opener »Fuel« und das mit der britischen Sängerin und Schauspielerin Marianne Faithfull eingesungene »The Memory Remains«. Nummern wie »Low Man's Lyric« oder »Carpe Diem Baby« sind heute komplett vergessen, ein Schicksal, das Stücken auf »Ride the Lightning«, »Master of Puppets« oder dem schwarzen Album nicht passiert ist.

Rund 15 Jahre später wird Hetfield in Interviews zugeben, dass er sich in dieser Phase selbst nicht sonderlich wohlgefühlt habe. Hammett und Ulrich seien immer mehr auf abstrakte

Kunst abgefahren und wollten unbedingt alle Grenzen niederreißen. Das Make-up sei sogar eine direkte Provokation gegen Hetfield gewesen, da beide wussten, dass er so etwas nicht mochte. Das Cover von *Load* sei in diesem Umfeld entstanden, ein »verdammter Teil« (sehr vorsichtige Übersetzung) dieser Phase. Er selbst habe diesen verrückten Scheiß einfach mitgemacht. Kirk und Lars, so Hetfield, hätten das damals wohl gebraucht. Immerhin ehrliche Worte über eine für Metallica-Fans verstörende Zeit, die eigentlich gerade erst begonnen hatte.

Doch bevor es noch schlimmer wird, wird es erst mal wieder etwas besser. 1998, Metallica befinden sich für ihre Verhältnisse in einem regelrechten Veröffentlichungswahn, erscheint *Garage Inc.*, auf dem sich diverse Coverversionen von Motörhead, Mercyful Fate, Discharge, Black Sabbath und anderen Lieblingen und Vorbildern der Bandmitglieder befinden. Außerdem ist die ursprünglich bereits 1987 veröffentlichte und nicht mehr hergestellte EP *The $5.98 E. P. – Garage Days Re-Revisited* enthalten, auf der sich Songs von Holocaust, Budgie oder Killing Joke befinden und noch einmal Cliff Burton am Bass zu hören ist. Zudem jamt die Band Coverversionen mit Cliffs altem Kumpel Jim Martin (Faith No More), Kirks Jugendfreund Les Claypool (Primus), Jerry Cantrell (Alice in Chains) oder Pepper Keenan (Corrosion of Conformity).

Diese Zweitverwertung von diversen B-Seiten, Sampler-Beiträgen und aus Spaß aufgenommenen Songs fährt wiederum fünf Platinauszeichnungen in den USA ein, geht also über fünf Millionen Mal über die Ladentheke. Heutzutage unerreichbare Zahlen. Auch in Schweden, Australien, Polen und Neuseeland regnet es Platin. Metallica sind mitten im Mainstream angekommen.

Metallica gecovert

So wie Metallica gerne Songs ihrer Helden nachspielen, so werden die Herren aus San Francisco auch gerne Opfer obskurer Coverversionen. Fünf besonders bemerkenswerte Beispiele finden sich in diesem Kasten.

»Nothing Else Matters« von Postmodern Jukebox

Die Schmuseballade schlechthin eignet sich natürlich besonders für eine Bearbeitung und dürfte der meistgecoverte Metallica-Song aller Zeiten sein. Postmodern Jukebox verwandeln den Song in eine entspannte Barnummer mit Kontrabass und Bläsern. Der wirkliche Hinhörer ist aber die zum Zeitpunkt der Aufnahmen erst 15 Jahre alte Sängerin Carolin Baran. Was für ein Stimmorkan!

»One« von Mrs. Smith

Mrs. Smith (alias David Hanbury) arbeitet unter anderem als Straßenkünstlerin und ist so etwas wie Deutschlands Olivia Jones, nur mit E-Gitarren. Sie schaffte es ihrerzeit, Kirk Hammett zu einem Wah-Wah-Pedal-Wettbewerb herauszufordern, und hatte damit eine Verbindung zu Metallica aufgebaut. Ihre Coverversion von »One« ist nicht sonderlich spannend, sie hält sich dicht am Original (bis auf die Stimme). Im Videoclip wird die Katzen liebende Mrs. Smith allerdings von norwegischen Heavy-Metal-Satanisten entführt, in eine Kammer gestoßen und gefesselt. Dazu gibt es eine richtige Geschichte mit Nachrichtenreportern, ihrem gruseligen Ehemann und mehr. Unbedingt anschauen!

»Sad But True« von Snoop Dog

In einer Zeit, als MTV noch richtig große Preisverleihungen veranstaltete, gab es diverse Coverblüten. Ganz vorne bewegt sich Snoop Dog mit seiner Version von »Sad But True«. Der kiffende Rapper nölt den Text völlig unrhythmisch über die musikalische Vorgabe und scheint die ganze Nummer nicht sonderlich ernst zu nehmen. Die persönlich anwesenden Metallica machen gute Miene zum bösen Spiel, aber besonders Hetfield ist anzusehen, dass er in diesem Moment gerne ganz woanders wäre.

»For Whom The Bell Tolls« von Sun 0)))

Wer auf Entschleunigung steht, sollte sich diese Version der US-Drone-Doom-Meister von Sun 0))) anhören. Man muss allerdings etwas Geduld mitbringen, der Song ist mehr als doppelt so lang, und der ›Gesang‹ (eher ein satanisches Röcheln) setzt nach rund sieben Minuten ein. Der Song ist nur mit viel gutem Willen gerade noch zu identifizieren, aber einfach nachspielen kann ja jeder.

»Nothing Else Matters« von Tulia

Und zum Schluss noch einmal die Ballade aller Balladen: Die polnische Formation Tulia besteht aus drei Sängerinnen (bei dieser Aufnahme waren es noch vier), die das Stück in der Tradition osteuropäischer Folklore übertragen. Mit ihrem »Weißen Gesang« (eine Technik, bei dem durch Schreie eine Melodie erzeugt wird) heben sie den Song in eine völlig andere Dimension. Erhaben, episch und auch ein bisschen gruselig, aber definitiv hörenswert.

Und sie nutzen die Gunst der Stunde, indem sie eine Aufnahme mit dem San Francisco Symphony Orchestra planen. Michael Kamen, der schon die Streicher in »Nothing Else Matters« arrangiert hatte, kommt mit dem Vorschlag, zwei Livekonzerte mit Metallica und dem Orchester aufzuzeichnen. Und so entsteht *S & M* (steht für »Symphony und Metallica« – oder wie auch immer man die Kürzel übersetzen will), das in Berkley, Kalifornien, aufgezeichnet wird. Die Idee, eine Rock- oder Metal-Band mit einem Orchester zusammenspielen zu lassen, hat zu dieser Zeit schon einen langen, weißen Bart, aber das hält Metallica nicht ab. Und es ist nicht ganz so einfach, die einzelnen Stücke strukturell interessant im Gegenspiel von Band und Orchester neu zu erfinden und nicht einfach alles mit einem süßlichen Streicherteppich à la schlechter Filmmusik zuzuschmieren. Der Erfolg gibt ihnen recht, das 1999 veröffentlichte Live-Album wird weltweit mit 28 Platinauszeichnungen bedacht. Ältere Metallica-Fans, wie der Autor dieses Buches, nehmen die Veröffentlichung gerade noch zur Kenntnis, mehr aber auch nicht. Denn erstens verwenden Metallica viele Songs von den letzten beiden Alben *Load* und *Reload*, die per se schon recht uninteressant sind. Und zweitens klingen alte Klassiker wie »Battery«, als würden eine Metal-Band und ein Orchester in nebeneinanderliegenden Proberäumen gegeneinander anspielen. Was bei Deep Purple wie ein Gesamtkunstwerk klingt, tönt bei Metallica zumindest streckenweise gewollt. Aber das ist natürlich Geschmackssache und liegt sicher nicht an den Arrangements von Komponist und Dirigent Michael Kamen, sondern vielmehr am Thrash Metal. Der wurde nicht erfunden, um mit Harfe und Cello verfeinert zu werden. Aber wie auch immer: 28-mal Platin.

Metallica kaufen sich Villen, Sportwagen und allerlei Kunstkrempel (vor allem Ulrich geht hier völlig auf), können von ihrer angeborenen rebellischen Attitüde aber nicht ganz lassen. 2000 schreiben sie den Song »I Disappear« für den zweiten Teil der Filmreihe *Mission: Impossible* und stellen überrascht fest, dass die Nummer bereits vor Veröffentlichung des Films im Radio gespielt wird. Bei ihrer Recherche treffen sie auf die Plattform Napster, die Musik zum Tausch anbietet, ohne dafür zu bezahlen. Metallica unter Federführung von Lars Ulrich gehen gerichtlich gegen Napster vor und treiben die Firma letztlich in den Ruin.

Die Reaktionen sind geteilt, manche sehen Metallica vollkommen im Recht, schließlich latscht man auch nicht in andere Häuser, nimmt sich, was einem gefällt und geht wieder (so vergleicht es Ulrich). Andere glauben, dass ein paar satte Millionäre noch ein bisschen stänkern wollen und Metallica doch keine Einnahmen entgehen. Da das Musikfernsehen und das Radio rapide an Einfluss verlieren, sind viele Hörer erst durch Plattformen wie Napster auf die Band aufmerksam geworden und kaufen schließlich ihre Alben. Im Rückblick könnte man im Angesicht der Streaming-Dienste, die Musiker entschieden schlecht vergüten, und dem Niedergang der Tonträgerindustrie Metallica auch als frühe Warner vor dem, was da kommen würde, verstehen. So oder so, in Sachen Image ist die Napster-Geschichte kein Erfolg, auch Jahre später sehen sich Metallica immer mal wieder mit dem Vorwurf konfrontiert, ein paar Studenten ins Verderben gestürzt zu haben. Napster-Erfinder Shawn Fenning gründet weitere Firmen im Tech-Bereich, kann aber nie wieder an seinen alten Erfolg anknüpfen. Seit einigen Jahren ist er ganz aus der Öffentlichkeit verschwunden.

Derweil steigt der interne Druck im Kessel der Band stetig

weiter. Es ist offensichtlich, dass Hetfield ein Alkoholproblem hat. Sogar bei seinem liebsten Hobby, der Jagd, hat der Sänger eine Pulle Wodka unter dem Arm klemmen. Trotzdem sollen die Aufnahmen zu einem neuen Album, das den Titel *St. Anger* tragen wird, beginnen.

Vorher bricht aber eine alte Wunde auf. Hetfield und Newsted, die abseits der Öffentlichkeit nie das beste Verhältnis hatten, geraten aneinander. Newsted möchte mit seiner Band Echobrain ein Album aufnehmen, was Hetfield ihm mit dem Hinweis darauf untersagt, dass so ein Vorhaben Metallica Stärke kosten würde. Newsted merkt an, dass Hetfield selbst Nebenprojekte betreibt. Und das in zunehmendem Maße. So hat er für die Zeichentrickserie *South Park* einen Song geschrieben und aufgenommen, außerdem ist er auf Alben der befreundeten Band Corrosion of Conformity zu hören und hüpft bei alten Kumpels mit auf die Bühne, um mit ihnen Songs zu spielen – so zum Beispiel im Jahr 2000, wo er mit den Misfits »Last Caress« und »Die, Die, Darling« intonierte, eine Aktion, die noch fünf Jahre zuvor undenkbar gewesen wäre. Aber Hetfield bewertet diese Engagements anders und untersagt Jason die Veröffentlichung, woraufhin dieser am 17. Januar 2001 seine Klamotten packt und geht. So weit die offizielle Version. Newsted veröffentlicht daraufhin mehrere Alben unter verschiedenen Namen, steigt bei Voivod und ganz kurz bei Ozzy Osbourne ein, wird aber nirgendwo mehr heimisch. Heute macht der Bassist Musik nur noch aus Spaß, stellt überall in den USA seine selbstgemalten Bilder aus (Ulrich brachte ihn angeblich zur Kunst) und lebt von seiner Metallica-Kohle, von der angeblich noch 60 Millionen US-Dollar übrig sind. Das dürfte dann wohl bis ans Lebensende für eine warme Mahlzeit täglich und ein Dach über dem Kopf reichen.

Dass die Trennung deutlich dramatischer verlief, als beide Parteien anfangs zugeben wollten, sieht die Öffentlichkeit erst in der Dokumentation *Some Kind of Monster* von 2004. Die beiden Filmemacher Joe Berliner und Bruce Sinofsky gehörten schon länger zum erweiterten Umfeld der Band und haben sich das Vertrauen von Hetfield und Co. erarbeitet. Ihr eigentlicher Auftrag ist es, den Entstehungsprozess von *St. Anger* zu filmen. Doch wird das, was sie in über zwei Jahren zwischen 2001 und 2003 und rund 1000 Filmstunden zusammentragen, nicht weniger als ein Seelenstriptease einer der bekanntesten Bands der Welt. Nicht nur Hetfields Abreise in eine Rehabilitationsklinik, die die Band rund ein Jahr kosten wird, sondern auch weitere private Details werden en masse gefilmt. Die Bandmitglieder schreien sich an, es wird gepöbelt und geheult, dass es eine Art hat. Schließlich ziehen die Mitglieder Therapeuten hinzu, deren Sitzungen mit den Musikern selbst zum Teil gefilmt werden. Dabei kommt heraus, dass Hetfield seinen Kollegen Newsted wie bereits erwähnt von Anfang an gehasst hat. Nicht, weil er ein schlechter Kerl wäre, sondern weil er den Platz einnahm, den Cliff nicht mehr einnehmen konnte. Newsted hingegen ist sich bewusst, warum er in der Band ist, und versucht alles, um Hetfield zu gefallen. Der wiederum gibt seinen Schmerz an Newsted weiter, indem er ihm die Anerkennung absichtlich verweigert. Ein Teufelskreis wie oft in Vater-Sohn-Beziehungen.

Auch Dave Mustaine darf ein Gespräch mit Lars Ulrich und dem Psychologen Phil Towle führen und seiner Enttäuschung über den damaligen Rauswurf (der mittlerweile fast 20 Jahre zurückliegt) freien Lauf lassen. Ulrich und Mustaine werden im Anschluss an das Gespräch in Interviews noch jahrelang über ihre Eindrücke dieses Tages, über Gesagtes und Ungesagtes sprechen und damit Schlagzeilen machen. Auch dieser Stachel sitzt anscheinend wirklich tief.

Und mittendrin toben noch der schweigsame Hammett, unzählige Crewmitglieder, viele Drogen, die heimischen Frauen und Kinder und unzählige Millionen Dollar herum. Völlig normal, dass man da irgendwann verrückt wird. Weniger normal ist es, solche Aufnahmen zu veröffentlichen. Der Film *Metallica: Some Kind of Monster* erscheint 2004, bringt es auf nahezu zweieinhalb Stunden und spaltet die Fans erneut. Manche bewundern Metallica für ihren Mut, andere sagen, dass die Jungs mittlerweile aus allem Geld machen würden. Der Verfasser dieser Zeilen organisiert sich den Film schnellstmöglich nach der Veröffentlichung (offiziell gekauft – Ehrensache, Lars) und ist schockiert über die gnadenlose Offenheit. Hier werden Dinge breitgetreten, die vielleicht wirklich besser intern geblieben wären. Es gibt Szenen, die mir zum ersten Mal in meinem Leben das Wort ›Fremdschämen‹ verständlich gemacht haben. Und es wird dauern, bis ich Metallica wieder als ganz normaler Fan gegenübertreten kann. Ich weiß nun Dinge über sie, die ich eigentlich niemals wissen wollte.

Als versöhnlicher Abschluss des Films präsentiert die Band noch ihren neuen Bassisten, ein altbekanntes Gesicht.

Das alles ist aber gar nicht so schlimm, denn musikalisch passiert bei Metallica gerade eh nichts Spannendes. Das Album *St. Anger*, der eigentliche Grund für die Aufnahmen, erscheint 2003 und greift weltweit, wenig überraschend, sofort die oberen Chartregionen an. Bis heute steht es bei 17 Platinalben. Es braucht mir allerdings niemand erzählen, dass diese Tatsache irgendwas mit der Musik zu tun hat, die auf dem Album zu finden ist. Ob als direkte Reaktion auf die Kommerzvorwürfe, die inneren Unruhen oder einfach nur aus dem Gedanken heraus,

Rob Trujillo, mit vollem Namen Roberto Agustín Miguel Santiago Samuel Trujillo Veracruz, war bereits bei den Suicical Tendencies (wie erwähnt unter anderem 1993 und 1994 mit Metallica auf Tour), Ozzy Osbourne (mit dem er auch gemeinsam komponiert) und Black Label Society aktiv. Seine ungewöhnlichen Bewegungen auf der Bühne, seine Monstermatte, die er auch gerne zu Zöpfen flicht und seine aggressive Attitüde sind in der Szene bekannt. Sein Vater ist Lehrer, seine Mutter vererbt ihm die Liebe zur Musik, die anfangs Richtung Funk, Soul und Jazz tendiert. Als Rob das erste Mal Van Halen hört, ist es um ihn geschehen, und er beschäftigt sich mit härterer Musik. Wie auch sein Vorvorgänger Cliff schaut er aber immer gerne über den Tellerrand hinaus, was sein Spiel sehr variabel macht. Sofern James und Lars ihn lassen. Er steigt über zwei Jahre nach Jasons Abgang fest bei Metallica ein. Wie erwähnt hat der Mann bereits eine ansehnliche Karriere hinter sich und dürfte nicht unbedingt am Hungertuch nagen. Aber da die größte Band der Welt nicht gerne mit Hungerleidern abhängt, schenkt sie dem Neuen zum Einstieg erst mal eine Million Dollar. Wie so viele Aktionen der Combo so wird auch diese zwiespältig aufgenommen. Einige wenige halten es für einen feinen Zug der Band, viele andere schlagen sich vor den Kopf. Wenn so etwas schon nötig ist, dann sollte es im stillen Kämmerlein passieren und nicht in der Öffentlichkeit. Und angesichts der Tatsache, dass alleine Hetfields Privatvermögen auf rund 300 Millionen US-Dollar und das von Ulrich gar auf 350 Millionen US-Dollar geschätzt wird, wirkt es fast schon ein bisschen knickerig.

dass Metallica eh alles dürfen, veröffentlicht der Vierer (mit dem früheren Produzenten Bob Rock am Bass) eher Geräusche denn Songs. Gitarrensoli? Fehlanzeige! Eingängige Refrains werden vermieden, das Schlagzeug klingt nach der vielzitierten Mülltonne (die Snare-Drum schnattert nicht wie üblich, sondern produziert nur einen hohlen, hohen, dumpfen Ton). Die Riffs wirken streckenweise beliebig aneinandergeklatscht, es fehlt ein roter Faden in den zu allem Übel auch noch überlangen Songs. Manches klingt, als hätten sich die New Yorker Hardcore-Veteranen Agnostic Front entschlossen, einen halbstündigen Song zu schreiben. Die Band lässt verlauten, man hätte besonders roh und unverfälscht klingen wollen. Nach den vorangegangenen Alben eine gute Idee, aber so? Mit »Frantic« und dem Titelstück finden sich zwei Songs auf dem Album, die für länger als zehn Minuten im Gedächtnis bleiben, der Rest ist keine große Kunst, sondern kann getrost weg. Zumindest nach der Meinung der meisten Fans. Die Musiker geben sich unbeeindruckt, so würden Metallica im Sommer 2003 eben klingen. Jeder Newcomer-Band hätte man das Fell über die Ohren gezogen und sie zurück in ihren Proberaum gejagt. Mit dem Heldenstatus in der Tasche hat man allerdings keine Probleme.

Der Verfasser dieser Zeilen lässt sich davon nicht beirren und startet, wiederum mit Verstärkung im Auto, nach Gräfenhainichen. Hier steht Ferropolis, die Stadt aus Eisen. Auf dem Gelände des ehemaligen Tagebaus Golpa-Nord, zwischen fünf riesigen Baggern, befindet sich eine Festivalbühne. Und die besuchen Metallica am 17. August 2003 im Rahmen ihrer European Festival Tour. Als Vorband sind, wenn das Gedächtnis nicht vollkommen trügt, Alien Ant Farm dabei. Mit Einbruch der Dunkelheit steigt die Spannung, welches Set Hetfield und

Co. auf die Bretter zimmern werden. Ein Potpourri aus den letzten drei Alben? Dann sind wir früher zu Hause als geplant. Oder bieten sie einen ordentlichen Querschnitt durch ihr Schaffen an?

Dem Metal-Gott sei es gedankt, sie entscheiden sich für die zweite Variante. Das Konzert beginnt mit »Battery«, gefolgt von »Master of Puppets«, »Harvester of Sorrow«, »Welcome Home (Sanitarium)« und »For Whom the Bell Tolls«. Aha, geht doch. »St. Anger« und »Frantic« tauchen irgendwann mal mittendrin auf, vom *Load/Reload*-Kram schafft es gerade mal ein Song (»Fuel«) ins Set. Der Rest ist musikalische Klasse zwischen Heavy und Thrash Metal in Reinkultur. Als beim abschließenden Duo »One« / »Enter Sandman« die Bühne in Gräfenhainichen komplett in Flammen zu stehen scheint, ist die Welt wieder in Ordnung. Den Fan beschleicht das Gefühl, dass Hetfield nach seiner (vorläufigen) Gesundung das Heft wieder in die Hand genommen hat und den Kahn aus experimentellen Gewässern wieder Richtung heimatlichen Hafen steuert. Aber vielleicht sind auch die anderen zu der Erkenntnis gekommen, dass das Vor-den-Kopf-Stoßen der eigenen Fanbasis irgendwann mal zum Bumerang werden kann. So oder so: Die wirklich schlimmen Jahre sind überstanden. Metallica sind zurück, aber ihr Image hat gelitten. Fans, Presse und Kollegen blicken zwar immer noch zu ihnen auf, doch werden sie sich den ganz großen Respekt erst wieder erkämpfen müssen.

Some Kind of Monster: Neues, Unerwartetes und alte Stärke

Rob Trujillo, der unter anderem Scott Reeder Kyuss oder den ehemaligen Manson-Sidekick Jeordie »Twiggy« White als Mitbewerber um die vakante Bass-Stelle ausgestochen hat, bekommt Zeit, sich in das Metallica-Universum einzuleben. Denn nach ein paar Sommergigs (inklusive des erwähnten Stopps in der ›Stadt aus Eisen‹) startet im November 2003 die exakt ein Jahr andauernde Madly in Anger with the World Tour, deren Titel garantiert eine Idee von Hetfield ist und die Band unter anderem zweimal nach Europa und für zehn Auftritte nach Australien führt. Auch Asien und Nordamerika stehen auf dem Plan. Im Vorprogramm verdingen sich unter anderem Slipknot und Godsmack. Start ist in Tokio, der letzte Gig findet im kalifornischen San Jose statt. Home Sweet Home. Das besondere an der Tour ist, dass nahezu jeder einzelne Auftritt professionell mitgeschnitten und gegen ein Salär anschließend zum Download angeboten wird. Laut Ulrich habe man diese Tradition schon in den 1990ern begonnen. So könne jeder Fan ›seine‹ Show zu Hause noch mal in Ruhe genießen. Oder mal horchen, wie sich Metallica in Osaka, Erfurt oder Ottawa anhört. Nebenbei ist das aber natürlich auch eine grandiose Geschäftsidee.

Am 6. Juni 2004 kommt es zu einem besonderen Auftritt in Castle Donnington. Kurz vor dem Auftritt auf dem Download-Festival muss sich Ulrich mit Panikattacken krank abmelden. Für ihn springen sein Techniker, Dave Lombardo von Slayer und der 2021 verstorbene Joey Jordison (Slipknot) ein. Aufnahmen von diesem Auftritt sind aufgrund des einmaligen Line-ups besonders begehrt.

In Skandinavien werden Metallica auf dieser Tour außerordentlich gefeiert, hier kann die Band nur noch in Stadien auftreten. Während Hetfield und Co. durch Nordeuropa toben, schaffen es alle ihre bisher veröffentlichten Alben wieder in die Charts – ein deutliches Zeichen dafür, dass sich auch die nächste Generation ein Leben ohne Metallica lieber gar nicht vorstellen möchte.

Anschließend machen Metallica das, was sie eigentlich am schlechtesten können. Zumindest kommt der Verdacht auf, wenn man sich ihre Karriere bis zu diesem Zeitpunkt anschaut. Sie machen eine Pause und genießen das Leben. Einzig für zwei Konzerte im Jahr 2005 rollen sich die Herren aus ihren Hängematten: Sie eröffnen im November in San Francisco zwei Tage für die Rolling Stones. Dafür kann man allerdings auch mal aufstehen.

Anfang 2006 regt sich dann wieder etwas, die Band gibt bekannt, dass sie das neue Album nach 15 Jahren Zusammenarbeit nicht mit Bob Rock aufnehmen wird. Stattdessen möchten Hetfield und Ulrich gemeinsame Sache mit dem legendären Rick Rubin machen, der Johnny Cash neu entdeckte, die Red Hot Chili Peppers am Leben hielt, aber auch Hiphop-Geschichte geschrieben und Adele in den Weltruhm katapultiert hatte – laut *Rolling Stone* der größte Produzent in welchem Genre auch immer. Das löst Entsetzen bei einigen Fans aus. Sie starten eine Online-Petition, um die Band umzustimmen. Die Angst: Der etwas wunderliche Rubin, optisch eine Mischung aus Rasputin und dem verlorenen zweiten Gitarristen von ZZ Top, würde zu sehr in den Sound und die Kompositionen von Metallica eingreifen. Das bringt wiederum Rubin auf die Palme, der mit so verschiedenen Bands wie Slayer, Danzig, Public Enemy, den erwähnten Red Hot Chili Peppers und nicht zuletzt Johnny Cash riesige Erfolge feiern konnte. Rubin gibt ein Statement heraus, in dem er angibt, tief getroffen zu sein, und erinnert den Anhang daran, dass auch ein guter Trainer irgendwann mal ausgetauscht werden muss, um frischen Wind zu bringen. Metallica lassen sich dadurch sowieso nicht beeindrucken, gleiches gilt für den Autor dieses Buches und viele Fans weltweit. Die Erwartungshaltung ist nach vier mehr oder minder überflüssigen Alben (aus der Sicht der alten Garde) vielleicht nicht ins Bodenlose gesunken, doch viel höher befindet sie sich nicht.

Die Veröffentlichung von *Death Magnetic* wird für den 12. September 2008 angesetzt, der erste Videoclip wird zur Halbballade »The Day That Never Comes« am 21. August geschaltet. Der interessierte Verfasser dieser Zeilen ist sich ad hoc nicht ganz sicher (und ist es bis heute nicht), ob der Song nun etwas taugt oder nicht. Positiv ist zu bemerken, dass es schon mal kein Pop, kein Techno oder experimenteller Jazz ist, was man Metallica mittlerweile schon zugetraut hätte. Der Aufbau erinnert an »Welcome Home (Sanitarium)«, erreicht dessen Klasse aber nicht. Kein Song für die Playlist des Lebens, aber ein ordentlicher Start. Das Video wird in der Wüste in der Nähe von Los Angeles gedreht, als Regisseur fungiert der Däne Thomas Vinterberg, der gemeinsam mit Lars von Trier die Dogma95-Bewegung ins Leben gerufen hatte. Dafür ist der Clip al-

Bei so vielen positiven Nachrichten wird es mal wieder Zeit für eine alberne Bemerkung von Lars Ulrich. Da der Vertrag mit Warner mit *Death Magnetic* ausläuft, sind Metallica nun frei und können sich nach einem neuen Label umsehen. Der Schlagzeuger diktiert diversen Pressevertretern gewohnt selbstbewusst ins Mikrofon, dass seine Band das nächste Album ausschließlich über das Internet veröffentlichen und vertreiben werde. Was natürlich einmal mehr völliger Kokolores ist.

lerdings recht gewöhnlich ausgefallen, doch ist das Meckern auf hohem Niveau. Die Tage bis zur Veröffentlichung des ganzen Albums sind seit rund 15 Jahren endlich mal wieder spannend.

Doch Pustekuchen, ein Plattenladen in Frankreich kann oder will sich nicht an das offizielle Veröffentlichungsdatum halten und verkauft das Album bereits zehn Tage früher. Damit ist das Album quasi raus, wenige Minuten später steht es in seiner Gesamtheit im Internet. Der englische Vertriebspartner von Metallica wird nervös und zieht die Veröffentlichung um zwei Tage vor. Der Autor wartet allerdings brav, bis die Scheibe bei dem örtlichen Händler seines Vertrauens im Regal steht. Derweil rechnet die ganze Welt damit, dass Metallica wieder vor Gericht ziehen und den französischen Laden samt seiner Besitzer zurück in die Steinzeit klagen wird. Aber die Band gibt sich überraschend locker. Lars Ulrich meint, dass es in heutigen Zeiten einem Wunder gleiche, dass es nur zehn Tage vor dem offiziellen Release für jeden zugänglich sei. Tatsächlich ist nichts von einer Klage zu hören.

Die ist auch gar nicht notwendig, denn das Album schießt wieder durch die Decke, holt sich in 33 Ländern die Pole Position in den Charts und bricht einmal mehr diverse Rekorde.

Zum Beispiel einen in der Heimat: Metallica sind die bis dato erste Band überhaupt, die fünf Alben hintereinander veröffentlicht haben, die alle auf dem ersten Platz der Billboard Charts eingestiegen sind. Was kümmern einen da ein paar verrückte Franzosen?

Metallica äußern sich in den Interviews zum neuen Album nur positiv über Rick Rubin, über dessen Arbeitsweise und die »lange Leine«, die er der Band über weite Strecken ließ. Die Fans sehen das in der Mehrheit ein wenig anders und müssen denen, die von Anfang an große Zweifel hegten, recht geben. Denn *Death Magnetic* ist zweifelsfrei ein Opfer des ›Loudness War‹, der seit rund 20 Jahren tobt und bis heute anhält.

Die eigentlichen Songs stellen tatsächlich eine Rückkehr zur Stärke früherer Werke dar. Das Album hat wenig mit *Load/Reload* und fast gar nichts mit *St. Anger* zu tun. Die Songs sind wieder länger, technisch anspruchsvoller und wurden mit Gitarrensoli gespickt. Mit »Suicide & Redemption« gibt es seit Jahrzehnten mal wieder ein Instrumental, das fast die Marke von zehn Minuten Laufzeit knackt und trotzdem spannend bleibt. Im Vorfeld der Albumveröffentlichung haben Metallica bereits einige Songs live angetestet, schon 2006 spielen sie bei manchen Auftritten »The New Song« und »The Other New Song«, zwei noch nicht fertige Stücke ohne richtigen Text. Aus dem »New Song« werden Teile für das Album-Highlight »All Nightmare Long« verwendet (in dem es um den Hound of Tindalos geht, ein fiktives Wesen aus dem erweiterten Lovecraft-Universum). Auch die dritte Single »Cyanide« oder der Opener »This Was Just Your Life« wissen zu gefallen. Die Deluxe-Edition des Albums enthält eine Bonus-CD mit den Arbeitsversionen der Albumsongs und deren Arbeitstiteln. So wird aus »Flamingo« endgültig »All Nightmare Long«, »Black

Loudness War

Ziel ist es dabei, lauter als die Konkurrenz zu sein oder es so wirken zu lassen. Am deutlichsten kann dies im linearen Fernsehen herausgehört werden, wo die Werbeblöcke oft lauter sind als der Rest des Programms, um besondere Aufmerksamkeit zu erreichen. Auch TV- und Radiosender und natürlich auch Bands versuchen sich, in Sachen Lautstärke zu überbieten.
Da der Lautstärke aber physikalische Grenzen gesetzt sind, wird in die Trickkiste gegriffen. Die an sich leiseren Stellen eines Songs werden einfach lauter gedreht, was im Gesamtbild den Eindruck erweckt, es wäre auch tatsächlich lauter. Der Nachteil: Der Sound muss dafür komprimiert werden, es können also Übersteuerungen auftreten. Außerdem geht diese Vorgehensweise auf Kosten der Dynamik. Der Unterschied zwischen lauteren und leiseren Passagen im Song verschwindet. Und das ist gerade bei Songs mit balladesken Anteilen wie »The Day That Never Comes« ein Minuspunkt. Verteidiger dieser Technik, wie Rick Rubin, meinen, den Unterschied würden maximal Soundfetischisten mit riesigen und teuren Anlagen wahrnehmen. Das ist Unsinn, denn selbst im Autoradio klingen die Songs von *Death Magnetic* irgendwie zusammengedrückt. Das versaut einem den Genuss des Albums zwar nicht vollends (den meisten zumindest nicht), ist aber ein spürbarer Faktor.

Squirrel« verwandelt sich in »Broken, Beat & Scarred«, und »German Soup« bekommt letztlich den Titel »Cyanide«. Ja, man muss den Humor der Herren schon mögen.

Inhaltlich drehen sich mehrere Songs um den Tod, was für ein Heavy-Metal-Album jetzt nicht so ungewöhnlich ist. Es geht um die Sterblichkeit der Menschen im Allgemeinen, die Art, wie wir alle damit umgehen (das Ganze möglichst ignorieren), aber auch um ganz spezielle Beispiele. Gerade in der Welt der Künstler gibt es viele, so sagt Hetfield es in verschiedenen Interviews, die den Tod durch ihren Lebensstil quasi wie ein Magnet anzuziehen scheinen (das Cover ziert eine Vertiefung, die wie ein Sarg aussieht, umgeben von Strahlen, die aus von einem Magneten angezogenen Metallspänen geformt werden – eben die quasi magnetische Anziehungskraft des Todes). Dabei hat er sicher auch Kurt Cobain, Amy Winehouse oder Jim Morrison im Hinterkopf, es gibt aber einen bestimmten Auslöser. Denn im Studio befand sich ein Foto von Layne Staley, von 1987 an Leadsänger von Alice in Chains. Staley, Jahrgang 1967, kämpfte schon früh mit seiner Drogensucht und bekam sie zeitlebens nicht in den Griff. Nach einem letzten Konzert 1996 zog sich der Sänger in seine Wohnung zurück und wurde nur noch selten gesehen. Besonders skurril: Während seine Band in Radio- und TV-Sendungen Boxsets bisher unveröffentlichter Aufnahmen bewirbt, lässt er sich mehrmals überraschend per Telefon zuschalten. In den letzten Jahren wird es still um den Musiker, der 2002 abgemagert in seiner Wohnung stirbt. Laut Hammett schaut Hetfield während der Aufnahmen häufiger nachdenklich auf das Bild. Später sagt der Sänger, dass er es unglaublich finde, wie so ein junger, begabter Mensch (Hetfield ist gerade einmal vier Jahre älter) sein Leben mit dem Missbrauch von Drogen verschwende.

Death Magnetic hat bis zum heutigen Tage 25 Platinauszeichnungen eingesammelt, es dominierte 2008 sowohl die Charts der physischen Tonträger als auch die digitalen Charts.

Die Internet-Community hatte Metallica die Klage gegen Napster anscheinend doch vergeben.

Und dieser Weg kann nur in eine Richtung führen, direkt in die Rock & Roll Hall of Fame. In die werden Metallica Anfang 2009 mit einer feierlichen Zeremonie und einem kurzen Liveauftritt aufgenommen. Die Band lädt auch ihren ehemaligen Bassisten Jason Newsted ein, der zusagt. Rob Trujillo bietet an, auf seine Teilnahme auf der Bühne zu verzichten, damit das originale Line-up des schwarzen Albums den Song »Enter Sandman« spielen kann. Aber das kommt für den Rest gar nicht in die Tüte, und so stehen zwei Bassisten auf den Brettern, die bei ihrer Performance mächtig Spaß zu haben scheinen. Es fehlen nur zwei wichtige Mitglieder der Bandgeschichte: Dave Mustaine schlägt die Einladung dankend aus, weil Megadeth zu dieser Zeit gerade in Europa auf Tour sind. Irgendwie wäre es auch schwer vorstellbar gewesen, den Rotschopf bei dieser harmonischen Veranstaltung zu sehen. Der zweite ist natürlich Cliff Burton. Für ihn kommt sein Vater Ray auf die Bühne und nimmt die Ehrung stellvertretend entgegen. In solchen Momenten wirken Metallica wieder wie eine große, glückliche Familie inklusive des schwarzen Schafs Dave. Beim letzten Song »The Train Kept A-Rollin« von Tiny Bradshaw kommen unter anderem Ron Wood (Rolling Stones), Flea (Red Hot Chili Peppers) und Jimmy Page (Led Zeppelin) auf die Bühne, um die Jungs zu feiern.

Das richtige Geld wird mittlerweile allerdings auf Tour gemacht, also stechen Metallica wieder in See Richtung Europa, und zurück nach Mexiko und in die USA, wo sie einmal mehr fast ein ganzes Jahr ohne größere Pausen live spielen.

Und dann kommt es zum großen Knall. Auf allen Kanälen heißt es plötzlich, die ›Big Four‹ des Thrash Metal würden zusammen auf Tour gehen. Jahrzehntelang hatten Thrash Fans von so etwas geträumt, nun sollte es also endlich wahr werden: Metallica, Slayer, Megadeth und Anthrax hintereinanderweg. Und das nicht nur in den USA, sondern auch in Europa. Die ersten Shows finden tatsächlich im Sommer 2010 statt, dann wird unterbrochen, um im Sommer 2011 weitere Auftritte in dieser Konstellation dranzuhängen. Ein absolutes Wunder. Denn während Metallica und Anthrax untereinander befreundet sind (man erinnere sich an die Aufnahmen zu *Kill 'Em All*, wo Metallica im Proberaum der New Yorker nächtigen durften) und man mit Slayer ein freundschaftliches, wenn auch etwas distanziertes Verhältnis pflegt, gibt es die bekannten Schwierigkeiten mit Megadeth – oder vielmehr mit Dave Mustaine. Niemand weiß, wie viele Manager, Rechtsanwälte und Notare nötig waren, um die genauen Spezifikationen (Position auf dem Billing, Spieldauer, Licht, Sound usw.) auszuhandeln. Der Verfasser dieser Zeilen war selbst für wenige Tage mit Megadeth auf Tour und durfte live miterleben, wie viele Probleme es gibt, wenn man sie nur fleißig sucht. Vielleicht hat Hetfield aber auch einfach Mustaine angerufen und ihm klargemacht, dass es möglicherweise die letzte Chance sei, so ein Event auf die Beine zu stellen. Am Ende machen alle mit, und alle profitieren. Denn die Stadien in Europa sind brechend voll. Der Auftritt in Sofia wird für eine spätere DVD-Veröffentlichung (Pflichtkauf für jeden Fan) mitgeschnitten, am 2. Juli 2011 kommt der Tross endlich in Gelsenkirchen an.

Der Verfasser dieser Zeilen kann sich aber noch nicht gleich dem sinnlosen Genuss hingeben, am frühen Morgen stehen Interviews mit Anthrax auf dem Plan. Die haben sich in einem Hotel in der Nähe der Veltins Arena des FC Schalke 04 eingenistet und warten in einem Konferenzsaal in Gestalt von Joey

Belladonna und Schlagzeuger Charlie Benante auf den Pressetross. Die Gespräche zum damals neuen Album *Worship Music* verlaufen in freundlicher Atmosphäre, doch der Zeiger tickt. Irgendwann muss die Band in Richtung Location aufbrechen, während der Promoter der Plattenfirma für die hungrigen Schreiberlinge ein ›Jägerfrühstück‹ ankündigt. In einer urigen Kaschemme in Sichtweite zum Stadion werden Jägerschnitzel und Jägermeister gereicht. So gestärkt, lassen sich die letzten Meter gut bewältigen, mit den ersten Takten von Anthrax sind alle im Stadion und geben sich sieben Stunden geballter Thrash-Power hin. Keine der drei ersten Bands enttäuscht, die Stimmung ist kurz vor dem Überschnappen, als Metallica, wie immer zu den Tönen von »The Ecstasy of Gold«, auf die Bühne stapfen. »Hit the Lights« fegt wie ein Peitschenhieb durchs Auditorium, »Master of Puppets«, »The Shortest Straw« und »Seek & Destroy« folgen. So sieht der Heavy-Metal-Himmel aus. In diesem Umfeld fällt nicht mal »The Memory Remains« ab, denn heute ist alles erlaubt. Das reguläre Set endet mit »Enter Sandman«, doch sind wir hier noch lange nicht an das Ende gelangt. Bei »Helpless« von Diamond Head stehen Mitglieder von Anthrax und Megadeth auf der Bühne, und selbst Dave post mit seinem alten Freund, Todfeind und Weggefährten um die Wette. Nur Slayer lassen sich nicht blicken, die fallen parallel wahrscheinlich über das Buffet her. Nach »Battery« tritt James breitbeinig wie John Wayne ans Mikrofon und verkündet, dass ein gewisser Song ja noch nicht gespielt wurde, und der soll diesen wundervollen Abend beschließen. Das Kreischen der Mädels wird lauter, Kameras und Handys werden gezückt. Denn bisher fehlt tatsächlich »Nothing Else Matters«. Hetfield grinst breit ins Auditorium und stimmt eine der schnellsten Versionen von »Creeping Death«

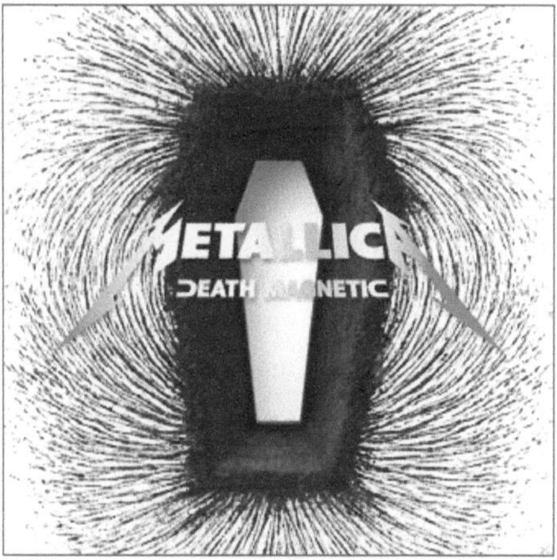

an, die ich persönlich je gehört habe. Der Jubel der alten Säcke im Publikum hat Orkanstärke, Gänsehaut am ganzen Körper. Mit diesem legendären und durch nichts mehr zu toppenden Finale geht es zurück in die sommerliche Nacht des Ruhrpotts und direkt in die Unterkunft, wo bei geistigen Getränken noch bis in die frühen Morgenstunden gefachsimpelt wird. Dazu läuft das Homevideo *Cliff 'Em All* von 1987 in Dauerschleife. Den Videorekorder haben wir extra mitgebracht. Das, was für uns ein unfassbares, großes Ereignis war, an das wir uns ein Leben lang erinnern werden (bis heute wird dieses Konzert gerne noch mal und immer wieder durchdiskutiert), ist für Metallica ein ganz normaler Tag in ihrem Arbeitsleben. Der Zirkus zieht weiter, wir verabschieden uns aus Gelsenkirchen und hoffen insgeheim, dass uns so ein Tag noch mal vergönnt sein wird. Mit der offiziellen Auflösung von Slayer im Jahr 2019 sind die Chancen allerdings nicht besser geworden.

Noch in diesem Sommer kündigen Metallica ein neues Album an, das zwar erst noch komponiert werden will, aber definitiv mit Rick Rubin aufgenommen wird. So die ersten Nachrichten aus dem Camp der Bay-Area-Helden. Vorher geben sie aber noch schnell ihre Livepremiere in Indien und verkünden, im Sommer 2012 das schwarze Album, das seinen 20. Geburtstag feiert, bei ausgewählten Konzerten komplett am Stück zu spielen – eine Idee, die sie in Zukunft mit verschiedenen Alben umsetzen werden. Unterstützt werden sie dabei, je nach Ort des Auftritts, von Legenden wie Ozzy Osbourne, Glenn Danzig, aber auch alten Weggefährten wie Mustaine, Newsted oder Lloyd Grant, der ja letztlich nur ein einziges Solo auf ein Demo spielte. So ganz nebenbei verkünden Metallica, ein eigenes Festival mit dem Namen Orion ins Leben rufen zu wollen, sie gründen eine eigene Plattenfirma namens Blackened Records, wo zukünftige Veröffentlichungen erscheinen werden (von wegen: »nur im Internet«), und veröffentlichen eine digitale EP mit dem Titel *Beyond Magnetic*, auf der Songs zu finden sind, die es nicht auf *Death Magnetic* geschafft haben. Zusätzlich erscheint Ende 2012 die DVD *Quebec Magnetic*. Und das alles wird gespickt von Auftritten rund um den Globus. Wie viele Stunden hat so ein Metallica-Tag eigentlich?

Und weil das alles noch nicht genug ist, veröffentlichen sie gemeinsam mit Lou Reed das Album *Lulu*, der bis dato letzte schwere Hieb für Fans. Das künstlerisch sicher irgendwie wertvolle Werk, das sich auf zwei Theaterstücke aus der Feder Frank Wedekinds (1864–1918) stützt (ja, genau der, der mit seinem Pubertäts-Drama *Frühlings Erwachen* an den Schulen präsent ist) und dessen Musik Reed ursprünglich für das Berliner Ensemble geschrieben hat, klingt, als würden Metallica im

Lars Ulrich spricht

Wie schon häufiger erwähnt läuft Lars Ulrich gerne mal unglücklich in das eine oder andere Mikrofon der Presse hinein, was uns Fans die Gelegenheit gibt, über seine Sätze zu philosophieren. Hier fünf der schönsten Aussagen des dänischen Meisters über Musik und die Welt:

> »Wenn es Black Sabbath nicht gegeben hätte, würde ich vielleicht immer noch morgens Zeitungen austragen. Ernsthaft.«
>
> »An dem Tag, an dem Metallica sich auflösen, werde ich nicht eine Anzeige in ein Magazin setzen und eine neue Band suchen. Ich werde meine Drumsticks an den Nagel hängen, denn es gibt 14 andere Dinge, die ich gerne ausprobieren möchte.«
>
> »Der schlimmste Tag in meinem Leben war, als mir meine Mutter verbot, zu einem Queen-Konzert zu gehen, weil ich Hausarrest hatte.«
>
> »Eine meiner ganz wenigen Schwächen ist, dass ich nicht in die Zukunft schauen kann.«
>
> »So lange Metallica auf dem Album steht, sind es Metallica.«

Vollrausch ihre Instrumente vermöbeln, während Reed kurz vor dem Einschlafen irgendwelche Satzfetzen vor sich hin nölt. Gibt es für Experimente zwischen Hochkultur und Rockmusik nicht Bands wie Laibach? Es mag auf diesem Planeten, abgesehen von den Beteiligten, ja drei oder vier Menschen geben, die irgendetwas mit dieser Veröffentlichung anfangen können. Alle mir bekannten Anhänger von Metallica und Reed, die sich das Album blind gekauft haben, guckten nach dem ersten Hören, als hätten sie eine Flasche Rohrreiniger auf ex getrunken. Oder um es mit den Worten von Metallica-Biograph Joel McIver zu sagen: »Es ist nicht einfach zu hören. Metallica-Fans werden es ignorieren.«

Das passiert dem Kinofilm *Through the Never* nicht, denn der bekommt 2013 überraschend positive Kritiken. Eigentlich handelt es sich eher um Konzertaufnahmen der Band, die von der Geschichte eines Roadies, der surreale Abenteuer besteht, eingeklammert wird. Neben den vier Musikern sind zwei Schauspieler zu sehen, Dialoge gibt es so gut wie gar nicht. Kritikern und vielen Fans gefällt es trotzdem, *Through the Never* wird sogar für einen Grammy nominiert. Aber das passiert ja eigentlich allen Produkten, die Metallica ins Rennen schicken.

Wenn man sich fragt, was Metallica bisher noch nicht ausprobiert haben, dann bleibt eigentlich nicht mehr viel übrig. Da wäre noch ein Auftritt in der Antarktis, aber das ist natürlich Blödsinn. Oder auch nicht? Man fasst es nicht: 2013 stehen die vier aus dem sonnigen Kalifornien unter dem Motto ›Freeze 'Em All‹ in der Antarktis und spielen ein Konzert. Damit sind Metallica die erste Band des Planeten, die auf allen sieben Kontinenten gespielt hat. Sie treiben sich weiterhin in der Weltgeschichte herum, anstatt ins Studio zu gehen. Zwar gibt es immer wieder Wasserstandsmeldungen einzelner Mitglieder, aber die Band hat in dieser Phase mehr Spaß daran, die US-Hymne in Sportstadien oder mit dem chinesischen Pianisten Lang Lang zu spielen oder eine kleine Tour anzusetzen, bei der die Fans die Songs aussuchen können. Hier schlägt wieder Metallicas Sinn fürs Geschäftliche durch. Kurz vor dem Gig stehen angeblich zwei Songs ganz knapp beieinander. Auf riesigen Leinwänden gibt es kostenpflichtige Telefonnummern, die die Fans vor Ort wählen können, um ihren Favoriten ins Set zu hieven. Wie damals der Ted bei Frank Elstner. Nur deutlich teurer.

Lars Ulrich merkt an, dass die Band gerade in einer Phase ist, in der sie es liebt, sich gleichzeitig bei verschiedenen Projekten auszuprobieren. Ach nee, hätten wir gar nicht bemerkt. 2016 ist es dann aber endlich wirklich so weit, das neue Studioalbum *Hardwired ... to Self-Destruct* wird angekündigt und erscheint am 18. November. Als kleine Entschädigung für die lange Wartezeit spendieren uns Metallica ein Doppelalbum, so dass die Fans genügend Material an der Hand haben, um sich ein bisschen beschäftigen zu können. Zum Beispiel mit der Motörhead-Verbeugung »Murder One«, der flotten Single-Auskoppelung »Atlas, Rise« oder dem harten Rausschmeißer »Spit Out the Bone«, der als fünfte und letzte Single ausgekoppelt wurde. An der Chartfront ist eh alles in Ordnung, in 57 Ländern geht das Album auf Platz eins, im gleichen Jahr verkaufen nur Drake und Beyonce mehr Alben. Allerdings reicht es in den USA nur noch für einfaches Platin, was allerdings zu verschmerzen sein dürfte.

Einzig ein Blick ins Booklet macht ein wenig stutzig. Der zwei Jahre zuvor hoch gelobte Rick Rubin taucht unter den gelisteten Produzenten nicht mehr auf. Darauf angesprochen, muss die Band erklären, dass Rubin eigentlich gar kein richtiger Produzent und auch nur selten persönlich anwesend war. Man habe sich für Greg Fidelman entschieden, der den Vorgänger auch schon gemixt hatte. Die eben noch gelobte lange

Leine war vielleicht doch nicht so gut, und der Sound auf *Hardwired ... to Self-Destruct* klingt definitiv organischer und passt besser zu Metallica.

Die zum Album gehörige Tour läuft von 2016 bis 2019 und umfasst dieses Mal auch wieder Südamerika, wo die Fans lange warten mussten. Und auch in den USA kümmert sich das Quartett um Städte, die es ewig nicht besucht hat. Einige Termine müssen verschoben werden, da Hetfield einen Rückfall erleidet und sich freiwillig in eine Klinik begibt, um seine Süchte zu bekämpfen. Nach dem Abschluss der Tour wird es für einige Monate ruhig um die Band, nur ein paar Auftritte auf roter Auslegeware und auf Showbühnen, unter anderem mit Lady Gaga, sind zu vermelden. Außerdem spendet die Band durch ihre 2017 ins Leben gerufene All Within My Hands Foundation immer wieder hohe Geldbeträge, wo auch immer auf der Welt es zu Problemen kommt. Ob Schulförderungen, Frauenhäuser, Tafeln oder direkte Hilfe bei Naturkatastrophen, Metallica schwingen nicht nur große Reden, sie geben auch etwas zurück. Denn hinter der immer noch raubeinigen und gerne etwas belustigt wirkenden Fassade stecken durchaus Menschen mit sozialem Gewissen. Speziell James Hetfield scheint nie vergessen zu haben, woher er kommt und wie schnell das Schicksalspendel auch wieder in die andere Richtung ausschlagen kann.

2022 sind dann auch die Fans wieder an der Reihe. Aus dem Nichts kommt die Nachricht, dass am 14. April 2023 das neue Studioalbum *72 Seasons*, erneut produziert von Greg Fidelman erscheinen wird. Hetfield wird mit den Worten »2020 ging es darum, noch eine Tour zu fahren oder zu komponieren. Corona hat für uns entschieden« zitiert. Als Appetithäppchen veröffentlichen Metallica die Single »Lux Æterna«. Die besticht musikalisch durch einen leichten Motörhead-Vibe in modernem Gewand, kommt zügig auf den Punkt und geht gut ins Ohr. Die mehrfach wiederholte Zeile »Full Speed or Nothing« lässt selige Erinnerungen an »Motorbreath« von *Kill 'Em All* aufkommen, und mit »Lightning the Nation« hat Hetfield (fast) noch einen Albumtitel seiner alten Helden Diamond Head untergebracht. Respekt. Den gibt es nicht unbedingt für das quietschgelbe Cover, aber vielleicht gewöhnt man sich ja daran.

Am 20. Januar 2023 schieben Metallica die zweite Single hinterher, das ebenfalls erfreulich zackige »Screaming Suicide«. Viel Geschwindigkeit, ein ordentlicher Schlag Rock 'n' Roll in den Riffs und relativ eingängige Melodien. »Screaming Suicide« hat laut Hetfield textlich gesehen einen sehr ernsten Hintergrund. In einem Statement meint der Frontmann, dass wahrscheinlich fast jeder Mensch in seinem Leben schon einmal über Suizid nachgedacht hat. Es geht ihm darum, sich dieser dunklen Seite zu stellen und sie nicht einfach zu verdrängen. Diverse Magazine veröffentlichen mit der Meldung zur Single Telefonnummern der Seelsorge oder anderer Anlaufstellen für Menschen mit Suizidgedanken. Der Videoclip ist in verlaufenem Schwarzweiß gehalten (im Gegensatz zum farbenfrohen »Lux-Æterna-Clip«), besonders Hetfield versucht die Qualen auch mimisch auszudrücken. Wie beim Vorgänger wird bis auf einige ineinanderlaufende Flüssigkeiten die Band gezeigt, für beide Clips verantwortlich zeichnet der Künstler Tim Saccenti, der in erster Linie für Videoinstallationen und Skulpturen bekannt ist. Es ist seine Premiere mit Metallica (die vier Jungs aus der Bay Area arbeiten anscheinend selten lange mit einem Regisseur zusammen – mit der Ausnahme Wayne Isham, der seit »Enter Sandman« fest zur Familie gehört und immer mal wieder einen Clip oder ganze Konzerte der Band dreht).

Der etwas seltsam anmutende Albumtitel wurde ebenfalls vom Meister selbst erklärt. Er kommt auf ein Thema zurück, das ihn seit dem Beginn seiner Karriere und darüber hinaus beschäftigt. Denn die 72 Jahreszeiten stehen für die ersten 18 Jahre im Leben eines Menschen. In dieser Zeit, so Hetfield, stehe man unter dem Einfluss seiner Eltern. Anschließend müsse man sein restliches Leben darum kämpfen, sich von diesem Korsett zu befreien und ein selbständig denkender und handelnder Mensch zu werden.

Forever trusting who we are: Die neverending Story

Manche müssen sicher etwas härter kämpfen als andere, aber am Ende wird klar, was James meint. Klar ist auch, dass Metallica es geschafft haben, einerseits unerreichbare Superstars zu werden, die nicht nur monetär in völlig anderen Dimensionen weilen. Anders als beispielsweise Kiss oder Queen wirken sie

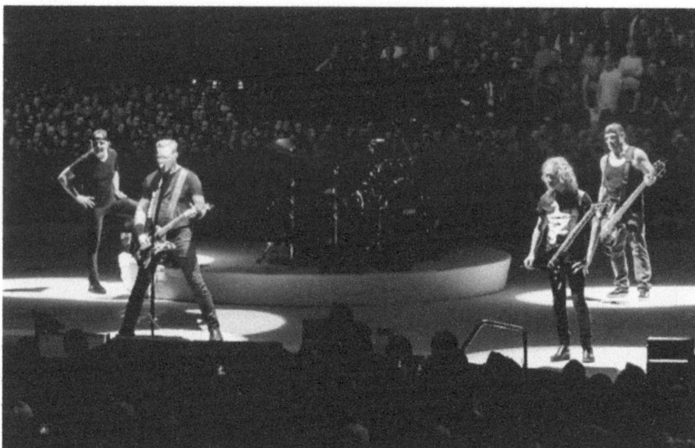

dabei auch immer noch so, als könnte man ihnen auf die Schulter klopfen und mit ihnen ein Bier trinken gehen (für Hetfield natürlich nur Wasser). Auch das ist eine Leistung, die man angesichts solch riesiger Erfolge erst mal hinbekommen muss. Aber was immer ihnen in den nächsten Jahren noch einfällt, ob sie ein Musical an den Broadway bringen, eine Zeichentrickfilmserie mit sich selbst als Hauptcharakteren starten oder ein Album nur mit Blechblasinstrumenten aufnehmen: Hetfield, Ulrich, Hammett, Burton sowie die beiden ›neuen‹ Mitglieder Trujillo (mittlerweile der am längsten amtierende Bassist in der Bandgeschichte) und Newsted sind für immer Metallica. Im Guten wie im Schlechten. Aus dieser Nummer kommen sie nicht mehr raus.

Lektüretipps

McIver, Joel: Justice for all – Die Wahrheit über Metallica. Berlin 2001.

Berlinger, Joe / Milner, Greg: Metallica. This Monster Lives. The Inside Story of Some Kind of Monster. New York 2005.

Irwin, William: Die Philosophie bei Metallica. Ein Crashkurs in Gehirnchirurgie. Baden-Baden 2008.

Mustaine, Dave / Layden, Joe: Mustaine. Mein wahres Ich. Berlin 2011.

McIver, Joel: Metallicas Cliff Burton. Leben und Tod einer Legende. To Live Is To Die. Berlin 2011.

Oimoen, Harald /Lew, Brian: Murder in the Front Row. Shots from the Bay Area Thrash Metal Epicenter. New York 2012.

Taylor, Matt: Metallica. Back to the Front. Die visuelle Geschichte des Albums und der legendären Tournee *Master of Puppets*. Zürich 2017.

Eglinton, Mark: Of Metal and Man – The Definitive Biography of James Hetfield. London 2017.